100 Jahre die Zukunft im Blick.

Von null auf hundert in nur sechs Jahren.

1906 bis 1912: Wir bauen Hamburgs erste U-Bahn.

Völker Verlag, Hamburg

Einführung in die Reihe

Anlässlich des 100-jährigen Jubiläums der HOCHBAHN erzählen wir in sechs Bänden die Geschichte ihres Entstehens und ihrer Bedeutung für Hamburg: von den ersten Ideen über den Bau bis zur ersten Fahrt und darüber hinaus. Wir blicken zurück auf eine Zeit, als Pferdeomnibusse den Nahverkehr bestritten, und beobachten den Bau des Rings. Wir befassen uns mit der HOCHBAHN als Teil der Architekturgeschichte und als Sinnbild für „Kunst am Bau" – von den ersten Haltestellen der Ringlinie über den ZOB bis zu den neuen Haltestellen der U4 in die HafenCity. Wir blicken hinter die Kulissen der HOCHBAHN und auf die Pioniere des modernen Stadtverkehrs in der Hansestadt, kurz: auf die Menschen, die hinter der Erfolgsgeschichte der HOCHBAHN standen und stehen. Ein weiterer Band beschäftigt sich mit der Rolle der HOCHBAHN als innovativer Schrittmacher der Fahrzeug- und Infrastrukturtechnik. Der fünfte Band zeigt, wie sich die Wahrnehmung von Zeit und Raum in Hamburg durch die Einführung eines schnellen Verkehrssystems verändert hat und wie die HOCHBAHN als Motor der Stadtentwicklung fungiert. Ein Blick in die Zukunft der HOCHBAHN bildet den vorläufigen Schlusspunkt.

Der vorliegende Band eröffnet die Reihe, in deren Rahmen in jedem Themenjahr des Jubiläums ein weiterer Band erscheinen wird.

Editorial

Sehr geehrte Leserinnen und Leser,

am 7. Oktober 1906 begann eine neue Zeit-rechnung für die Personenbeförderung in Hamburg: Der Start der Bauarbeiten für die Ringlinie war der Beginn eines Projekts, das bis heute das Stadtbild Hamburgs prägt und unverwechselbar macht.

Die Betriebsaufnahme im Jahr 1912 löste die größten Verkehrsprobleme der damals schon wachsenden Stadt auf einen Schlag. Mit ihren 23 Haltestellen, 58 Brücken, Tunneln und Viadukten verband die Ringlinie die am damaligen Stadtrand liegenden Wohngebiete wie Barmbek, Eimsbüttel oder Hammerbrook schnell und komfortabel mit der Innenstadt und dem Hafen. Als äußerliches Zeichen der Moderne dokumentierten die prachtvollen Haltestellenbauten weithin sichtbar den Stolz der Hamburger auf ihr neues Verkehrsmittel.

Über die Jahre hat die HOCHBAHN nichts von ihrem Charme eingebüßt. Ihr Streckennetz ist mit der Stadt kontinuierlich gewachsen und tut dies noch immer: Ein Jahrhundert nach dem ersten Spatenstich ist mit dem Bau der Linie U4 in die HafenCity ein weiteres Großprojekt auf dem Weg. Die HOCHBAHN bringt Ham-burg in Bewegung – heute wie damals.

Rödingsmarkt um 1912

Dieser Band über die Entwicklung und den Bau der Ringlinie eröffnet eine sechsteilige Reihe, die anlässlich des Jubiläums die Ge-schichte der HOCHBAHN aus verschiedenen Blickwinkeln beleuchtet. Ich wünsche Ihnen eine spannende Zeitreise in das Hamburg des späten 19. und des frühen 20. Jahrhunderts – in die Zeit, in der Hamburg die Weichen für seine heutige Bedeutung stellte.

Günter Elste

Vorstandsvorsitzender
Hamburger Hochbahn AG

Sechs Jahre im Zeitraffer

Wir schreiben das Jahr 1906: Hamburg ist bereit, das 20. Jahrhundert kann kommen. Der Glaube an die Zukunft ist fast grenzenlos, technisch scheint machbar, was überhaupt nur denkbar ist. In den folgenden sechs Jahren entsteht in Hamburg nicht nur die HOCHBAHN, sondern auch zahlreiche weitere Bauten, Einrichtungen und Institutionen, die bis heute das Gesicht der Weltstadt im Norden prägen:

1906 wird der neue Hauptbahnhof eingeweiht, und am Hafen beginnt der Bau der St.-Pauli-Landungsbrücken, der im Jahr 1910 abgeschlossen sein wird. 1907 eröffnet Carl Hagenbeck den weltweit ersten Tierpark mit Freigehegen ohne Gitter, und 1908 bekommt die Stadt mit der Laeiszhalle eine Musikhalle internationaler Güte. Zwischen 1908 und 1911 wird die Mönckebergstraße gebaut, und 1910 nimmt der FC St. Pauli den Spielbetrieb auf. 1911 wird nach vier Jahren Bauzeit der Elbtunnel dem Verkehr übergeben.

Der nach einem Brand wieder aufgebaute Michel wird im Jahr 1912 eingeweiht, im gleichen Jahr wird die Volksfürsorge ins Handelsregister eingetragen, und im Thalia Theater öffnet sich zum ersten Mal der Vorhang. Ebenfalls 1912 sind die neuen Kaufhäuser von Hermann Tietz am Jungfernstieg und Rudolf Karstadt an der Mönckebergstraße mit der HOCHBAHN erreichbar, deren Bau diese Zeit mit dem allgegenwärtigen Geräusch von Dampframmen, dem Graben und Hacken der Arbeiter und dem Schnaufen der Lorenbahnen lautstark begleitet hat. Schnell wird sie fahren, weite Strecken wird sie zurücklegen und doch gleichsam über den Dingen schweben: Auf weiten Strecken wird sie sich auf Brücken und Viadukten über die Straßen mit all ihren Pferdefuhrwerken, Kutschen, Handkarren, Straßenbahnen und Fußgängern erheben.

Schließlich präsentiert sich Hamburg vor den Augen der Welt als Metropole, die den Vergleich mit London, New York oder Paris nicht zu scheuen braucht: Stolz heißen die Landungsbrücken die Besucher aus aller Welt willkommen, mächtig spannt der neue Hauptbahnhof sein Dach über die Gleise, die nun endlich die Züge aus allen Himmelsrichtungen an einem Punkt zusammenführen. Die Mönckebergstraße und der Jungfernstieg werden zu neuen kommerziellen und kulturellen Besuchermagneten, und die HOCHBAHN verbindet all diese Punkte und befördert Bewohner und Besucher der Hansestadt von einem Ort zum anderen.

Großer Burstah um 1910

Die HOCHBAHN bringt völlig neue Erfahrungen, ein völlig neues Gefühl von Raum und Zeit in die Stadt. Ihre Vollendung ist der vorläufige Abschluss dieser Reihe von städtebaulichen Maßnahmen, mit denen Hamburg seine ganze Größe demonstriert, und gleichzeitig das größte Projekt, das sich die junge Metropole leistet.

In nur sechs Jahren ist Hamburg eine andere Stadt geworden, und die HOCHBAHN hat wesentlich dazu beigetragen.

Inhaltsverzeichnis

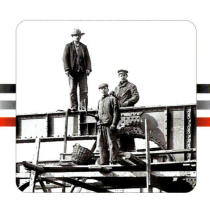

Zusatzinformationen zum Thema

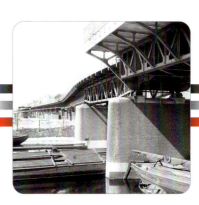

Zusatzinformationen zum Thema

Steinhöft um 1879

Gestartet: Aufbruch in eine neue Zeit

Der Bau der HOCHBAHN ab 1906 ist die konsequente Fortführung einer Entwicklung, die bereits Mitte des 19. Jahrhunderts begann. Der Große Brand von 1842 markiert trotz des Schreckens, den er über die Hafenstadt brachte, den Ausgangspunkt für die Entwicklung hin zu einer modernen Metropole.

In diesem Kapitel verfolgen wir diese Entwicklung bis in die Anfänge des 20. Jahrhunderts und die damit verbundenen Anforderungen an die Mobilität der Bürger in der Hansestadt.

Eine Stadt erfindet sich neu

Am 3. Mai 1842 brach in einem Speicher an der Deichstraße ein Feuer aus, das drei Tage wütete und große Teile der Hamburger Innenstadt vernichtete. Über 1000 Gebäude, darunter auch das Rathaus und die Nikolaikirche, fielen den Flammen zum Opfer. Was als „Der Große Brand" in die Hamburger Geschichte einging, forderte 51 Menschenleben und hinterließ etwa 20 000 Hamburger ohne Bleibe.

Den danach erforderlichen Wiederaufbau nutzte Hamburg als Gelegenheit, die Stadt schöner, großzügiger und moderner zu gestalten. Neben repräsentativen Plätzen und zeitgemäßer Bebauung wurden neue, breite Straßen angelegt und eine zentrale Trinkwasserversorgung der Stadt mit einem Wasserwerk in Rothenburgsort, der Wasserkunst, eingerichtet. Als erste Stadt auf dem europäischen

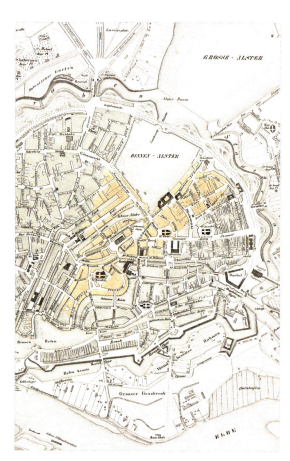

Vom Großen Brand zerstörte Flächen (markiert)

Der Große Brand von Hamburg anno 1842

Kontinent verbannte Hamburg damals die vorher oberirdisch fließenden Abwässer in ein unterirdisches Kanalisationsnetz.

Erzwungener Aufbruch aus den Stadtgrenzen

Diese baulichen Errungenschaften in der Innenstadt forderten ihren Preis von der Hamburger Bevölkerung. Hatten die Menschen bis dahin noch mehrheitlich direkt in der Stadt gelebt, waren sie nun das erste Mal gezwungen, sich nach Quartieren außerhalb der Stadtwälle umzusehen. Weil Elbe und Alster das Zentrum des Hamburger Stadtgebiets auf natürliche Weise begrenzten, mussten Zehntausende Arbeiter und Angestellte in die damalige Peripherie Hamburgs umsiedeln. Weiterhin wurde Hamburg von holsteinisch-dänischem, ab 1866 von preußischem Gebiet umschlossen: Altona, Ottensen, Wandsbek und Harburg (Königreich Hannover) verhinderten, dass Hamburg sich gleichmäßig ins Hinterland ausdehnen konnte.

So entstanden in ehemals ruhigen kleinen Dörfern wie Eimsbüttel, Barmbek (das bis 1947 Barmbeck geschrieben wurde), Eilbek, Hamm, Hammerbrook oder Uhlenhorst neue Siedlungen vorher nicht gekannten Ausmaßes. Von hier aus mussten viele Hamburger täglich die weiten Wege zu ihrem Arbeitsplatz im Hafen oder in der Innenstadt zu Fuß bewältigen.

Die Speicherstadt:
Das Ende traditioneller Wohnstrukturen

Durch den Bau der Speicherstadt, die 1888 eingeweiht wurde, verloren weitere rund 24 000 Menschen auf der Kehrwieder-Wandrahm-Insel, in Steinwerder und am Kleinen Grasbrook ihre Wohnungen. Es waren zumeist arme

Arbeiter am Baumwall um 1900

Leute, die ihr Geld als Gelegenheitsarbeiter im Hafen verdienten. Auch sie mussten nun in die Außenbezirke der Stadt umziehen.

Der Bau dieser „Stadt in der Stadt" veränderte auch Hamburgs Wirtschaftsleben grundlegend: In vorindustrieller Zeit hatten die traditionellen Kaufmanns- und auch Handwerkerhäuser Wohn-, Arbeits- und Lagerstätten unter einem Dach vereint. Diese Einheiten wurden nun aufgebrochen, denn die Speicher mussten innerhalb des Freihafengebiets liegen, damit die

Waren ungehindert von Zollformalitäten umgeschlagen oder weiterverarbeitet werden konnten. Das neue Freihafengebiet beheimatete außerdem zahlreiche Werften, Industrie- und Veredelungsbetriebe. In den ehemaligen Wohngebieten der Hamburger Innenstadt gingen nun Reeder, Makler und Kaufleute in imposanten neuen Kontorhäusern ihren Geschäften nach, für Wohnhäuser war dagegen kaum noch Platz. Hafenarbeiter, aber auch Büroangestellte mussten sich in den westlichen oder östlichen Außenbezirken neue Wohnquartiere suchen.

Links:
Brooksfleet um 1890

Die Cholera-Epidemie treibt die Entwicklung weiter voran

Mit den Sanierungsmaßnahmen nach der Cholera-Epidemie 1892, der über 8000 Menschen zum Opfer fielen, verstärkte sich diese Citybildung, wie man den Funktionswandel der Innenstädte während der Industrialisierung bezeichnet. Alte Wohnviertel wie die Gängeviertel, das Hafenviertel in der Neustadt sowie das Steinstraßenviertel in der Altstadt wurden aus hygienischen Gründen planiert, etwa 20 000 Menschen verloren dabei ihre Bleibe.

Mönckebergstraße mit der Petrikirche um 1910

Baustelle Hamburg: Wandel auf allen Wegen

Um die Wende zum 20. Jahrhundert herrschte in ganz Hamburg Aufbruchsstimmung, und die Hansestadt verwandelte sich in eine große Baustelle. Im Zuge der Sanierung und Neugestaltung der Innenstadt entstanden neue Verbindungsstraßen – wie die zwischen 1908 und 1911 gebaute Mönckebergstraße als Achse vom Rathaus (1897 nach 11 Jahren Bauzeit eingeweiht) zum 1906 fertiggestellten Hauptbahnhof, an der sich Kontor- und Geschäftshäuser aneinanderreihten.

Die Kanäle wurden verlängert – wie der Osterbekkanal, der bis an das neue Barmbeker Gaswerk heranreichte –, um Kohle, Rohstoffe und Baumaterial bequem auf dem Wasserweg auch bis zu den neu entstandenen Industriebetrieben in den Hamburger Randbezirken transportieren zu können. Schuten verteilten die Güter vom Hafen über Fleete und Kanäle. Mit den Anforderungen der Wirtschaft und der Bewohner wuchs auch die Infrastruktur: Der neue Hauptbahnhof ersetzte ab 1906 die Endbahnhöfe Berliner Bahnhof, Klostertorbahnhof, Lübecker Bahnhof und Hannoverscher Bahnhof. Das an den neuen Hauptbahnhof angebundene Postamt 1 am Hühnerposten sorgte, ebenfalls ab 1906, für die zentralisierte Beförderung der Post in Hamburg. An den 1910 nach vierjähriger Bauzeit eröffneten St.-Pauli-Landungsbrücken machten sowohl die Hafenfähren als auch die großen Passagierschiffe der Überseeschifffahrtslinien fest, und ab 1911 konnten die Arbeitermassen durch den neuen Elbtunnel leicht und schnell zu den Werften auf Steinwerder gelangen.

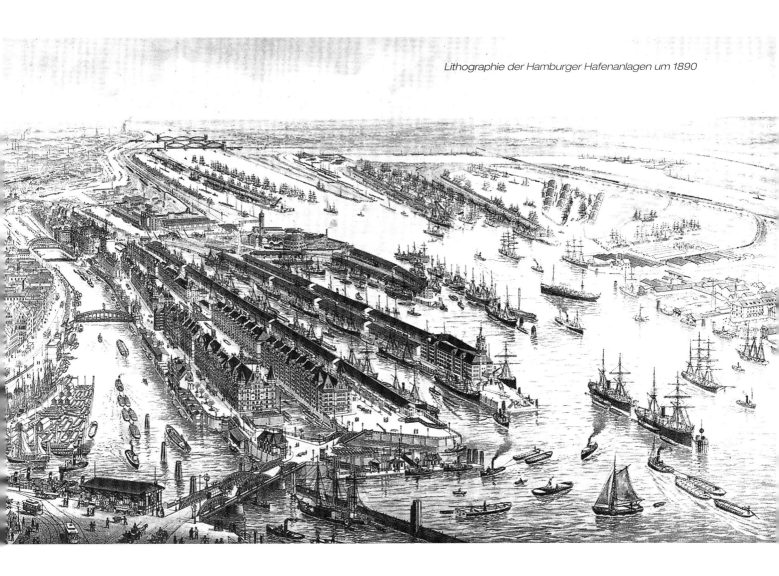

Der Hamburger Hafen öffnet das Tor zur Welt

Der Hamburger Hafen war, nach New York und London, der drittgrößte Hafen der Welt. Zahlreiche Schifffahrtsverbindungen nach Übersee nahmen von hier aus ihren Anfang: die Ostafrika-Linie, die Levante-Linie und nicht zu vergessen die Linienverbindungen nach Nord- und Südamerika, die etwa die HAPAG anbot, die weltgrößte Reederei zu jener Zeit. Die Eröffnung des Nord-Ostsee-Kanals 1895 und des Elbe-Trave-Kanals 1900 vereinfachten den Verkehr zwischen Ost- und Nordsee. Auch die Binnenschifffahrt auf der Elbe bis nach Böhmen und zur Oder sowie die Küstenschifffahrt trugen einen beachtlichen Teil zum Hamburger Handelsverkehr bei.

Wenig Platz und lange Wege – wie Arbeiter in der Gründerzeit wohnten

Arbeit in Hamburg – ob im Hafen, in der Speicherstadt, auf den Werften oder in der Fabrik –, das war auch um 1900 noch hauptsächlich Handwerk und Muskelkraft. Die meisten Arbeiter waren Tagelöhner, die sich morgens auf den Vermittlungsstellen meldeten.

Ursprünglich lebten sie alle in drangvoller Enge in Wohnvierteln nahe am Hafen oder im Haushalt ihres Arbeitgebers. Je mehr jedoch in der Innenstadt Speicher und Kontorhäuser in die Höhe wuchsen, desto weniger Raum war dort für Arbeiterwohnungen. Seit der Mitte des 19. Jahrhunderts zogen so Zehntausende Menschen an den damaligen Hamburger Stadtrand nach Eimsbüttel, Barmbek, Horn oder Hammerbrook, wo neben imposanten Bürgerhäusern auch eintönige Reihen aus

Leben im Gängeviertel

Wohnverhältnisse in der Fuhlentwiete, 1887

Mietskasernen mit sehr kleinen und dunklen, aber teuren Wohnungen entstanden. Um sich die Miete leisten zu können oder ihren Verdienst aufzubessern, nahmen viele Arbeiterfamilien auch noch so genannte Schlafgänger auf, denen sie gegen Geld Unterkunft und Verpflegung boten. Im Durchschnitt bewohnten um 1885 in den Arbeitervierteln 1,5 Personen ein Zimmer.

Der längere Arbeitsweg von hier aus – statt etwa 20 Minuten je Strecke waren die Arbeiter bis zu anderthalb Stunden unterwegs – bedeutete neben der körperlichen Anstrengung auch eine zusätzliche finanzielle Belastung, denn sie konnten in der Mittagspause nicht mehr zum Essen nach Hause gehen und mussten zusätzliches Geld für die Verpflegung ausgeben.

Um 1890 pendelten insgesamt rund 50 000 Männer und Frauen jeden Tag zu den Speichern und Industriebetrieben im Freihafen und zurück. Nur die besser verdienenden und fest angestellten Arbeiter konnten es sich leisten, die Straßenbahn oder einen Alsterdampfer zu benutzen.

Hinzu kam, dass in der durch ihren Freihafen aufblühenden Stadt auch die Zuwanderungsrate sehr hoch war: Wie in anderen Städten des gesamten Deutschen Reiches schritten auch hier Industrialisierung und Mechanisierung der Arbeitsplätze immer weiter fort, die Wirtschaft boomte und in mehreren Wellen setzte die Urbanisierung ein. Viele Landarbeiter waren durch den Einsatz von Maschinen überflüssig geworden und er-

Zeichnung des Gängeviertels

hofften sich in den Industriebetrieben der Städte höheren Verdienst und ein besseres Leben. Zwischen 1890 und 1900 stieg die Bevölkerungszahl Hamburgs jährlich durchschnittlich um 12 Prozent (38 000 Menschen).

Um diesen Menschen besseren und günstigeren Wohnraum bieten zu können, wurden zum Ende des Jahrhunderts zahlreiche Spar- und Baugenossenschaften gegründet. Die älteste Genossenschaft in Hamburg ist die Schiffszimmerer-Genossenschaft e. G. von 1875, die 1890 das erste Wohnhaus für ihre Mitglieder kaufte.

Straßenszene in der Neustadt

Wandsbeck. — Hamburgerstrasse.
Lith. Verlag von J. F. richter

Hamburg kreativ: Verkehrsmittel im 19. Jahrhundert

In der ersten Hälfte des 19. Jahrhunderts bestand Hamburg aus einem Gewirr von Straßen und Gassen, eng und krumm, teilweise ungepflastert und schlammig. Vor allem die Altstadt war auf sumpfigem Untergrund gebaut. Der Platz war knapp: Im Süden wurde Hamburg von der Elbe begrenzt, im Westen, Norden und Osten durch die Wallanlagen.

Rund 113 000 Einwohner lebten auf den 4,6 Quadratkilometern der heutigen Innenstadt, und jeden Tag wimmelte es von Menschen: Arbeiter, Händler, Handwerker, Dienstboten – sie alle eilten geschäftig umher, und durch das Gewühl bahnten sich Fuhrwagen, Droschken

der feineren Herrschaften und Karren ziehende Fuhrleute ihren Weg. In den Gängevierteln war die Bebauung so dicht, dass an den Einsatz eines Reisefuhrwerks überhaupt nicht zu denken war. Hier ging es nur zu Fuß voran.

Erste Bausteine für die schnellere Fortbewegung

Überlandfahrten waren mühsam und bis weit in das 19. Jahrhundert hinein ein Privileg von Begüterten. Weite Reisen, zum Beispiel nach Berlin, wurden nur unternommen, wenn es unbedingt sein musste. Eine Fahrt in die Hauptstadt Preußens dauerte immerhin 36 Stunden, nach Bremen war man 12 Stunden unterwegs und für die 60 Kilometer von Hamburg nach Lübeck mussten noch bis zu 8 Stunden veranschlagt werden.

Die sogenannte „Wandsbeker Punschbowle"

Die Lage besserte sich erst zu Beginn der 30er-Jahre des 19. Jahrhunderts. Nicht nur in der Innenstadt wurde die Infrastruktur entscheidend verbessert, sondern auch in den Randbezirken Hamburgs: So wurde 1827 die Chaussee in das holsteinisch-dänische Wandsbek gepflastert, es folgten Verbindungsstraßen nach Eppendorf, Groß-Borstel, Hamm, Horn, Eimsbüttel, Hoheluft und schließlich 1836 nach Barmbek.

Von Pferdeomnibussen, Punschbowlen und Badehosen

Damit waren die Grundsteine für einen öffentlichen Personennahverkehr gelegt. 1839 trat mit der Firma Basson & Comp. das erste Transportunternehmen auf den Plan. Vom Senat mit der notwendigen Konzession versehen, richtete das Unternehmen eine Omnibuslinie ein – wobei der Begriff „Omnibus" kaum etwas mit dem heutigen Verständnis gemein hat:

Die Omnibusse von Basson & Comp. waren von Pferden gezogene Mehrpersonenwagen.

Die Fahrten gingen zunächst vom Steintor nach Altona. 1824 wurden weitere Routen eingerichtet: Für jeweils vier Schillinge pro Person fuhren die Omnibusse auch einmal täglich nach Hamm und Horn und sechsmal täglich ins holsteinische Wandsbek. Nicht gerade preiswert, wenn man bedenkt, dass beispielsweise ein Kutscher für zwölf Stunden Arbeit nicht ganz zweiunddreißig Schilling oder zwei Mark verdiente.

Der Erfolg der Basson'schen Pferdebusse und deren Beliebtheit bei den Hamburgern animierten weitere Fuhrunternehmer dazu, es Basson & Comp. gleichzutun. Schon bald begannen „Punschbowlen", „Badehosen" und „Dames blanches", wie die Hamburger diese Wagen wegen deren äußerer Gestalt liebevoll bezeichneten, die engen Straßen Hamburgs zu füllen. Je nach Größe konnten sie bis zu 20 Personen befördern.

Der letzte „Basson'sche Omnibus".
Hamburg, 06. Mai 1890

Öffentliche Personenbeförderung: eine frühe „Boombranche"

Der Bedarf an innerstädtischer Personenbeförderung stieg in der zweiten Hälfte des 19. Jahrhunderts ebenso stetig wie die zurückgelegten Entfernungen, denn inzwischen waren auch die Stadtteile rund um die Alster erschlossen. 1859 nutzten schon 136 000 Fahrgäste das moderne Fortbewegungsmittel.

So wuchs die Anzahl der Fuhrbetriebe, aber es wurde auch kräftig modernisiert: Ab 1866 verkehrten zwischen Hamburg und Wandsbek Pferde-Straßenbahnen, mit denen wesentlich mehr Fahrgäste transportiert werden konnten, und schon 1859 hatte das kleine Dampfboot „Alina" begonnen, neunmal am Tag im Linienverkehr über die Alster vom Jungfernstieg nach Eppendorf zu fahren. Kaum ein Jahr später waren es schon sechs Schiffe.

*Alsterdampfer am
Jungfernstieg um 1890*

Auch über die Elbe ging es nun per Dampf: Gleichzeitig mit der „Alina" auf der Alster fuhr die erste Fähre über die Norderelbe. Ein Jahr später folgte die erste Dampferlinie zwischen Finkenwerder und Hamburg, und 1888 wurde der Fährverkehr mit der Gründung der Hafen-Dampfschiffahrts-Actien-Gesellschaft (HDAG, später HADAG) in eine Hand gelegt.

Schließlich sorgten die Erfindung des Dampfdruckkessels für Straßenfahrzeuge und später der Elektrizität für große Veränderungen im Personenverkehr in Hamburg: Straßendampflokomotiven fuhren ab 1879, zunächst zwischen Wandsbek und Rathaus, schnaufend durch die Straßen. Ab 1893/94 setzte die Straßen-Eisenbahn-Gesellschaft (SEG) auf einer Ringstrecke um die Alster die ersten elektrischen Straßenbahnen ein, die für Jahrzehnte zum bestimmenden Verkehrsmittel in Hamburg werden sollten. Um die Jahrhundertwende fuhren rund 400 Wagen über 120 Millionen Fahrgäste jährlich durch Hamburg, fast 330 000 Menschen täglich. Die längste Strecke ohne Umsteigen kostete 50 Pfennig.

Neue Pläne für großes Pendleraufkommen

Doch weder Pferdebahnen und Alsterdampfer noch elektrifizierte Straßenbahnen konnten dem immer stärker zunehmenden Verkehrsaufkommen wirklich gerecht werden. Vor allem gab es kein Verkehrsmittel, das auch für längere Strecken schnell und stark genug war. Besonders deutlich wurde dies, nachdem 1877 der Zentralfriedhof in Ohlsdorf eingerichtet worden war, aber nur unzureichend an den öffentlichen Verkehr angeschlossen war.

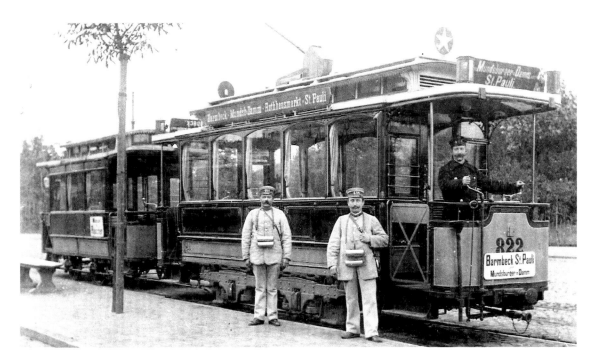

Elektrische Straßenbahn, 1895

Hinzu kam, dass die meisten Hamburger einfache Arbeiter waren, die nur wenig verdienten und sich die Fahrt mit einem der Verkehrsmittel kaum leisten konnten. Gerade sie waren jedoch am meisten darauf angewiesen, da sie von ihren neuen Wohngebieten in den Außenbezirken zu ihren Arbeitsplätzen im Stadtzentrum oft die größten Entfernungen zurückzulegen hatten.

Die Straßenbahn hatte weder genügend Kapazitäten für die vielen Berufspendler, noch konnte sie eine ausreichende Geschwindigkeit erreichen, um die Fahrgäste schnell über größere Entfernungen zu transportieren. So entlastete sie mit ihren sechs Stundenkilometern zwar die Füße der Fahrgäste, schneller war man damit jedoch nicht. Daher sah sich die Stadt vor die Aufgabe gestellt, in möglichst kurzer Zeit ein schnelles und preiswertes Transportmittel zu finden, das zudem über ausreichende Kapazitäten verfügte.

Der Blick über den eigenen Tellerrand

Die meisten anderen Großstädte der Welt erlebten mit dem gewaltigen wirtschaftlichen Aufschwung in der zweiten Hälfte des 19. Jahrhunderts dieselben Schwierigkeiten. Einige von ihnen, wie Berlin oder New York, lösten die Herausforderung des Massenverkehrs durch den Bau elektrischer Stadt- und Vorort-Schnellbahnen. Sie wurden für Hamburg zum Vorbild: So entstanden auch an der Elbe gegen Ende des 19. Jahrhunderts die ersten Pläne für den Bau eines eigenen Schnellbahnnetzes.

Für den kleinräumigen Transport hingegen blieb die elektrische Straßenbahn das Hauptverkehrsmittel.

Landungsbrücken mit Baustelle des Elbtunnels, 1910

Gesucht: Verkehrskonzept für eine junge Metropole

Welche Eigenschaften muss eine Schnellbahn haben, um die Anforderungen einer wachsenden Handelsmetropole wie Hamburg zu erfüllen? Gegen Ende des 19. Jahrhunderts befassten sich verschiedene Ingenieure damit, wie man die Möglichkeiten der modernen Technik für die Personenbeförderung in Hamburg nutzen könnte. Vorschläge und Ideen wurden eingereicht, geprüft und wieder verworfen, bis schließlich im Mai 1906 der große Durchbruch geschafft war.

Die Ideenwerkstatt ist eröffnet

Bis zum Jahr 1866 waren alle Bahnhöfe Hamburgs und der umliegenden Städte Endstationen, zwischen ihnen gab es keine direkte Verbindung. So fuhr man ab Bahnhof Altona nach Kiel (1848) und ab Bahnhof Harburg nach Lehrte bei Hannover (1847). In Hamburg lag das Bahnhofszentrum in der Nähe der heutigen Deichtorhallen. Dort entstand zunächst der Berliner Bahnhof (1846), dann, keine 600 Meter östlich davon, der Lübecker Bahnhof (1865) und schließlich auch noch 200 Meter südlich dieser beiden der Klostertorbahnhof (1865).

Bahnhof Klostertor mit dem neuen Hauptbahnhof im Hintergrund, 1906

DER HAMBURG-BERLINER EISENBAHNHOF
IN HAMBURG

Lithographie des Berliner Bahnhofs um 1850

In 30 Minuten von Altona in die Innenstadt

Genau hier, am Klostertorbahnhof, beendete ab dem 16. Juli 1866 die neue Hamburg-Altonaer-Verbindungsbahn ihre 30-minütige Fahrt von Altona aus. Der dampfende Stahlkoloss, der sich langsam mitten durch die Stadt schob, ersparte Reisenden so die zeitraubende Fahrt mit Pferdeomnibus oder Kutsche in das Hamburger Zentrum. Betreiberin war die Altona-Kieler Eisenbahngesellschaft (AKE), die die Bahn zusammen mit dem Senat der Hansestadt Hamburg gebaut hatte.

Einem anderen Problem konnte die Verbindungsbahn jedoch nicht abhelfen: Die Trasse orientierte sich stark an den ehemaligen Wallanlagen Hamburgs und verlief vom Bahnhof Altona nördlich über den Bahnhof Schulterblatt bis zur Sternschanze, weiter über den Bahnhof Dammtor, überquerte die Alster – zunächst über eine Jochbrücke und ab 1868 über die neue Lombardsbrücke – und führte weiter bis zum Klostertorbahnhof. Alle übrigen nördlich und südlich der Trasse liegenden Stadtteile, die in dieser Zeit ihr rasantes Wachstum erlebten, waren daher nicht an die Verbindungsbahn und damit auch nicht an die Fernbahnen angeschlossen.

Die Alsterringbahn: Ein Entwurf mit entscheidenden Mängeln

Es sollte bis 1894 dauern, bis der Oberingenieur und Leiter des Hamburger Ingenieurwesens Franz Andreas Meyer (1837–1901) einen neuen Plan vorlegte: die Alsterringbahn. Sie sollte als Erweiterung der Verbindungsbahn von der Sternschanze über Eppendorf, Winterhude, Barmbek und Hasselbrook ent-

*Plan zur Alsterringbahn von
Franz Andreas Meyer, 1898*

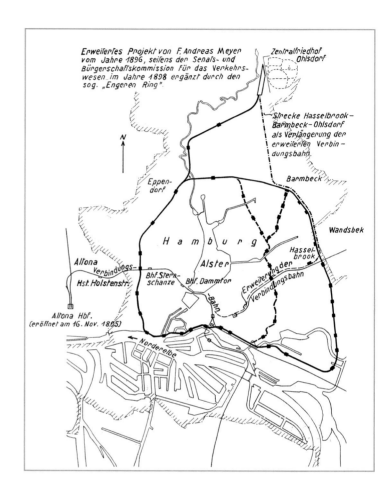

lang der Trasse der Lübecker Bahn bis zu den damals noch vorhandenen Wallanlagen am Steintor geführt werden. Zurück wäre es dann parallel zur Verbindungsbahn wieder bis zur Sternschanze gegangen. Eine Zweiglinie sollte Ohlsdorf mit dem 1877 eröffneten Hamburger Zentralfriedhof an die Innenstadt anbinden.

Leider hatte dieser Entwurf zwei entscheidende Mängel: Meyer hatte weder die Anbindung des Hafens berücksichtigt – für die Hamburger Wirtschaft ein ungemein wichtiger Aspekt jeder Trassenführung –, noch wäre das Hamburger Kerngebiet verkehrstechnisch erschlossen worden.

Elektrisch, unterirdisch und flexibel planbar: Neue Impulse aus Berlin

Trotzdem wurden die Meyer'schen Pläne auch überregional mit großem Interesse verfolgt. Kaum waren sie veröffentlicht, meldeten sich aus Berlin zwei der damals führenden Unternehmen der noch jungen Elektrotechnik zu Wort. Die Siemens & Halske AG und die Allgemeine Elektrizitäts-Gesellschaft (AEG) entwarfen zu dieser Zeit gerade ein Hoch- und Untergrundbahnnetz für Berlin und hatten bereits in Budapest ein solches Projekt erfolgreich durchgeführt. Innerhalb kürzester Zeit legten sie nun auch für Hamburg entsprechende Pläne vor, die die Hamburger Ingenieure C.O. Gleim und Th. Avé-Lallement ausgearbeitet hatten.

Planung mit Weitblick für die wachsende Stadt

Der entscheidende Unterschied dieser Pläne zum Ringbahnentwurf Meyers lag darin, dass diese Bahn elektrisch statt mit Dampf betrieben werden sollte und damit auch unterirdisch würde fahren können. Zudem würden die Trassen weit flexibler planbar sein als die einer Eisenbahn.

Auch weitere Bedingungen der Stadt erfüllten die im Auftrag von Siemens & Halske und der AEG tätigen Hamburger Ingenieure aufgrund ihrer Ortskenntnis: Ihre Trasse führte am Hafen entlang, durchschnitt die Altstadt, berührte alle wachsenden Stadtteile rund um die Alster und sah bereits zahlreiche Erweiterungslinien vor. 1898 eröffneten die Berliner Gesellschaften ein eigenes Büro in Hamburg in der Kaiser-Wilhelm-Straße, dessen Leitung der noch junge Regierungsbaumeister a. D. Wilhelm Stein übernahm.

Schwebebahn als Alternativmodell?

Zur gleichen Zeit, als in Hamburg Franz Andreas Meyer seine Vorstellungen einer Vorortsbahn veröffentlichte, machte in Köln der Ingenieur Eugen Langen von der Firma van der Zypen & Charlier mit seiner Erfindung einer Schwebebahn Furore: In seinem Entwurf hingen die Wagen unter den Schienen, statt auf ihnen zu fahren. Noch im selben Jahr erteilte die Stadt Wuppertal der Continentale Gesellschaft für Elektrische Unternehmungen aus Nürnberg den Auftrag, eine solche Schwebebahn in Wuppertal zu verwirklichen. Da die Diskussionen um die Stadt- und Vorortsbahnen in Hamburg in vollem Gange waren, lag der Gedanke nahe, das Konzept auf Hamburg zu übertragen. 1899 stellte die Continentale Gesellschaft deshalb beim Hamburger Senat den Antrag, an der Elbe eine Schwebebahn zu errichten.

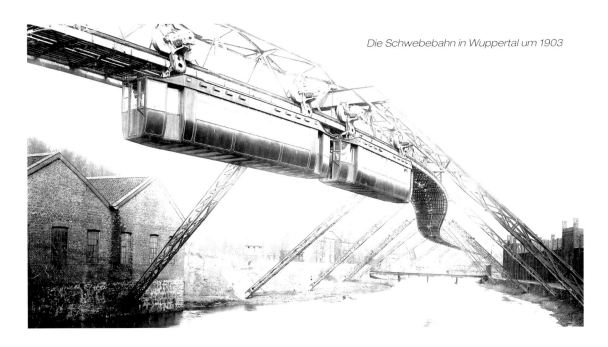

Die Schwebebahn in Wuppertal um 1903

SEG schaltet sich in die Planungen ein

Ebenfalls 1899 meldete sich noch ein weiterer Wettbewerber zu Wort. Die große Straßen-Eisenbahn-Gesellschaft (SEG), die mit den Straßenbahnen in Hamburg den damals wichtigsten Teil des öffentlichen Personennahverkehrs betrieb, unterbreitete als finanziell gut ausgestatteter Konzessionsnehmer des Hamburger Staates ein attraktives Angebot: Sie erklärte sich bereit, nicht nur die Kosten für den Bau einer „Unterpflasterstraßenbahn", also einer Mischung aus Straßen- und U-Bahn mit Anschluss an das bestehende Straßenbahnnetz der SEG, zu übernehmen, sondern sich auch finanziell maßgeblich am Durchbruch Rathausmarkt–Schweinemarkt (heute Hauptbahnhof) zu beteiligen. Im Gegenzug sollte der Hamburger Staat die Konzession des Straßenbahnbetriebs erweitern und verlängern.

Bürgermeister Dr. Johann Georg Mönckeberg
⋆ 1839 † 1908

Technisch war nichts gegen diesen Plan einzuwenden. Auf Initiative Bürgermeister Mönckebergs taten sich die Berliner Unternehmen Siemens & Halske AG und AEG mit der SEG zusammen und legten im November 1901 einen Plan vor. Nach ihren Vorstellungen sollte eine gemeinsam zu gründende „Bau- und Betriebsgesellschaft für die Stadt- und Vorortsbahnen" die neue Bahn bauen und deren Betrieb übernehmen.

1904: Berliner Bauherren erhalten den Zuschlag

Im Jahr 1902 gründete die Bürgerschaft einen Prüfungsausschuss, der sich mit den gemeinsamen Plänen des Berliner Konsortiums und der SEG befasste. Dieser Ausschuss nahm sich auch noch einmal den ersten Entwurf einer Schwebebahn für Hamburg vor.

Ein wahrer Reigen von Verhandlungen zwischen Senat, Bürgerschaft und beteiligten Unternehmen begann. Gutachten wurden erstellt, Gegengutachten gingen ein, einige Sitzungen endeten sogar im Tumult. Schließlich lehnte die Bürgerschaft im Jahr 1904 sowohl die Beteiligung der SEG als auch das ganze Schwebebahnprojekt ab.

Gegen die Schwebebahn sprach letztlich, dass sie zu teuer geworden wäre. Ihr Streckenplan hatte bewusst auf Linien durch noch unbebaute Gebiete verzichtet, um die Kosten zu

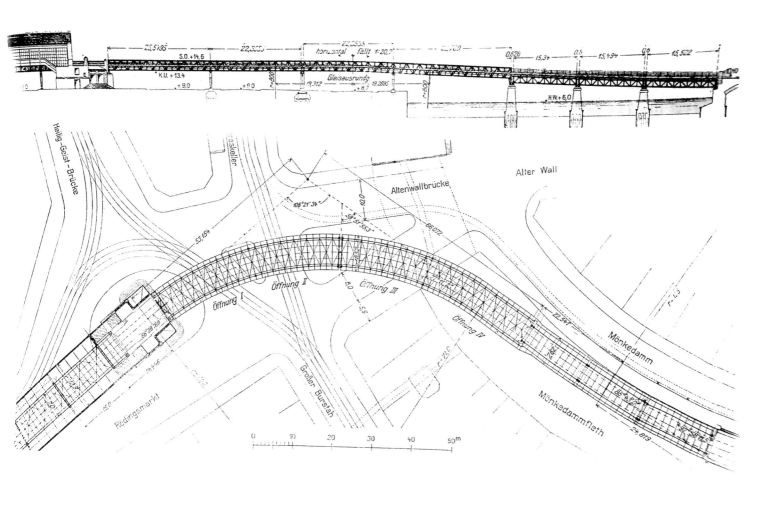

Lage- und Höhenplan Rödingsmarkt

reduzieren. Da es aber politisch gewollt war, genau diese Gebiete auch durchfahren zu lassen, um ihre Besiedelung zu fördern, machte die Hoch- und Untergrundbahn das Rennen. Sie sollte in diesen Gegenden auf Erdwällen fahren, die weit preiswerter herzustellen waren als die Trassen einer Schwebebahn.

Den Bau der Bahn auf Kosten des Staates würden Siemens & Halske und die AEG übernehmen, der Betrieb sollte später öffentlich ausgeschrieben werden. Zehn Jahre nach der Vorlage seiner ersten Entwürfe war das Berliner Konsortium damit als Sieger aus dem Wettbewerb der Systeme hervorgegangen. Die Planung musste nun entsprechend umgearbeitet und verfeinert werden.

Suchet, so werdet ihr finden – Vorbilder

Mit den elektrischen Stadtbahnen war eine neue Zeit angebrochen – mit Hochbahnen wie in New York (1877) oder Untergrundbahnen wie in London (1863/1890), Liverpool (1893) oder Glasgow (1896). Mit unglaublicher Geschwindigkeit rauschten die Züge über Holzbrücken und stählerne Viadukte oder ratterten unterirdisch durch Tunnel.

Bevor sie in Hamburg aktiv wurde, hatte die Berliner Aktiengesellschaft Siemens & Halske auf dem europäischen Kontinent wichtige Erfahrungen beim Bau der Ferencz József Földalatti Villamos Vasút (Elektrische Untergrundbahn Franz Joseph) in Budapest gesammelt. In nur zwei Jahren waren dort 9 Stationen auf knapp 4 Kilometern entstanden, die bis heute als Millennium-Bahn bekannt sind.

In Deutschland war die kaum 11 Kilometer lange Hoch- und Untergrundbahnstrecke in Berlin, an deren Planung und Realisierung Siemens & Halske maßgeblich beteiligt gewesen war, seit 1902 zum Vorbild für den Aufbruch in eine neue Zeit geworden. Der *Hamburgische Correspondent* berichtete am 29. Oktober 1905 über die Begeisterung für das neue Verkehrsmittel: *„Ganz außerordentlich schnell hat sich die Hoch- und Untergrundbahn in Berlin die Gunst des Publikums erworben. Jeder Berliner benutzt sie gern und ist stolz darauf sie auch seinem Besuch aus der Provinz als ein echt großstädtisches Verkehrsmittel zeigen zu können."*

Dieser Enthusiasmus sollte nun auch in Hamburg entfacht werden.

Verkehrsimpressionen Berlin

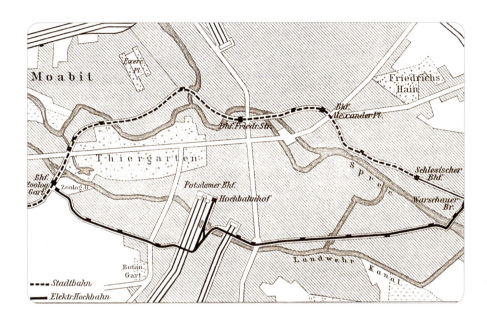

Stadtbahn
Elektr. Hochbahn

Plan der elektrischen Berliner Hoch- und Untergrundbahn

Die ewige Konkurrenz zwischen den beiden größten deutschen Städten war gerade zu Beginn des 20. Jahrhunderts spürbar: hier das politische Zentrum, dort das wirtschaftliche mit seinem gewaltigen Hafen. Die Berliner U-Bahn, vier Jahre vor dem Baubeginn der Hamburger Hoch- und Untergrundbahn eröffnet, war immer wieder Vergleichsmaßstab für den Bau in Hamburg. Man hatte von den Berliner Fehlern gelernt. Während es dort noch zu Wassereinbrüchen kam, die ganze Tunnelstrecken überfluteten, während Haltesignale überfahren wurden und Züge ineinander rasten und entgleisten, wurde in Hamburg von Anfang an sehr viel Wert auf höchste Sicherheitsstandards gelegt.

Doch die Hamburger orientierten sich nicht nur an Berlin. Als Vorbild dienten auch andere Städte, mit denen sich Hamburg gern in eine Reihe stellte: New York, London und Paris. Hamburger gaben ihre Erfahrungen aus diesen Städten weiter: *„Bei andauerndem übermäßigem Andrang auf einzelnen Haltestellen sollen die Zugänge an den Bahnsteigsperren vorübergehend geschlossen werden, wie dies z. B. in Paris üblich ist."* [*Hamburger Nachrichten* Nr. 538, 15.11.1912]. Aber nicht nur Weltenbummler identifizierten sich mit der HOCHBAHN. Für Arbeiter und Angestellte war sie das wichtigste Transportmittel geworden, und Hamburg war mit ihr in den Rang einer Metropole aufgestiegen.

Ein Hamburger Original wird geboren

„ ‚Gesegnet die Stunde, das Werk ist getan!' Es war so etwas wie ein historischer Augenblick, als gestern abend um 11 Uhr der Bürgerschafts-Präsident feierlich verkünden konnte, daß die Vorortsbahn-Vorlage nunmehr endgültig angenommen sei. [...] Bürgermeister Dr. Mönckeberg reckte sich befriedigt ob des Erfolgs in seinem Stuhl! Sieben Jahre schwerer, angestrengter Arbeit, mühseliger Kämpfe und mancher Enttäuschungen liegen hinter ihm." [General-Anzeiger Nr. 103, 04.05.1906].

Als die Bürgerschaft 1904 den Senatsantrag zum gemeinschaftlichen Bau und Betrieb der geplanten Stadt- und Vorortsbahn durch das Konsortium aus Siemens & Halske, der AEG und der SEG ablehnte, war wieder völlig unklar, wie es genau weitergehen sollte. Zwar wurde die Frage der Errichtung einer Hoch- und Untergrundbahn nach Berliner Vorbild nicht mehr grundsätzlich diskutiert, wohl aber zahlreiche Einzelheiten und vor allem die Frage, wer die Bahn betreiben sollte. Die Trassenführung war wieder offen, es meldeten sich die Stadtteile Eimsbüttel, Hammerbrook, Billwerder, Eilbek und Uhlenhorst, die mit einem Anschluss an die Bahn bedacht werden wollten. Die Finanzierung sollte nach den Wünschen der Bürgerschaft nun der Staat übernehmen, der Betrieb für höchstens 40 Jahre verpachtet werden.

Großer Klärungsbedarf am runden Tisch

Die Senatskommission für die Stadt- und Vorortsbahnen begann, die Anträge aus der Bürgerschaft zu bearbeiten, und beschloss schließlich, dass die offenen Fragen am besten gemeinsam zu lösen wären. Sie forderte Siemens & Halske und die AEG auf, den Plan gemeinsam mit den „Staatstechnikern", also den zuständigen Hamburger Behördenvertretern, nach den Eingaben der Bürgerschaft

Logo der Hamburger Hochbahn Aktiengesellschaft, 1912

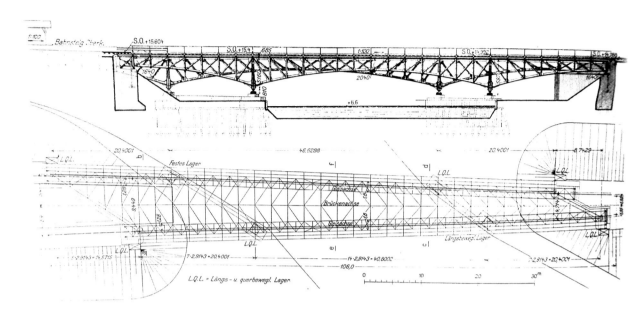

Planskizze zum U-Bahn-Verlauf am Rödingsmarkt

zu überprüfen und zu ändern. So machten sich vier Herren an die Arbeit: Oberingenieur a. D. Ed. Vermehren und der Baurat Schnauder für den Hamburger Staat sowie auf der Seite des Berliner Konsortiums Dr. Ing. Heinrich Schwieger, Direktor der Siemens & Halske AG, und der Regierungsbaumeister a. D. Wilhelm Stein. Im November 1905 übergaben sie einen neuen Senatsantrag mit den geänderten Plänen für den Bau der Hoch- und Untergrundbahn an die Bürgerschaft.

2. Mai 1906:
Die Geburtsstunde der HOCHBAHN

Sechs Plenarsitzungen brauchte die Bürgerschaft, bevor sie das Vorhaben am 4. Dezember 1905 im Wesentlichen genehmigte und die Bauzeit auf fünf Jahre für die Ringlinie und

weitere drei Jahre für die Nebenstrecken festsetzte. Fünf Monate und einige weitere Änderungsanträge später, am 2. Mai 1906, fassten Senat und Bürgerschaft mit 115 zu 13 Stimmen einen gemeinsamen Beschluss.

Am 1. Juni 1906 genehmigte der Senat den Bauvertrag: Für die feste Bausumme von nun 41,5 Millionen Mark – die später noch um weitere 800 000 Mark aufgestockt werden musste – beauftragte der Hamburger Staat die beiden Berliner Unternehmen, einen Bahnring um die Alster zu bauen. Der Staat hingegen hatte die Kosten für die Beschaffung von Grund und Boden sowie für mögliche Baumaßnahmen an öffentlichen Straßen in Höhe von insgesamt 12,5 Millionen Mark zu tragen. Die insgesamt veranschlagte Bausumme für die Ringbahn lag damit bei rund 55 Millionen Mark.

Vom Bauauftrag ausgenommen waren zunächst auch die elektrischen Anlagen inklusive Kraftwerk. Dafür war von vornherein vorgesehen, dass etwaige bauliche Erweiterungen und Änderungen der Streckenführung, die während der Bauphase notwendig werden sollten, bereits mit dem Bauvertrag abgegolten sein würden.

Eine Bauverwaltung mit langem Namen

Für die Durchführung des Auftrags gründete das Berliner Konsortium eine eigene „Bauverwaltung für die elektrischen Stadt- und Vorortsbahnen zu Hamburg, Siemens & Halske AG und Allgemeine Elektrizitäts-Gesellschaft", die der Beaufsichtigung durch den Senatsausschuss für die Stadt- und Vorortsbahnen unterstand. Sie bezog ihre Büroräume zunächst in der Kaiser-Wilhelm-Straße, siedelte dann aber in das gerade erst erbaute Hamburger Semperhaus in der Spitalerstraße über.

Der Bauverwaltung gehörten an: Direktor Dr. Ing. Heinrich Schwieger (Siemens & Halske) als Vorsitzender, Dr. Robert Haas (AEG) als dessen Stellvertreter, Regierungsbaumeister a. D. Kress (Siemens & Halske) und Regierungsbaumeister a. D. Philipp Pforr (AEG). Zum Baudirektor der Hamburger Bauverwaltung und Generalbevollmächtigen für alle Verhandlungen mit den Vertretern des Hamburger Staates wurde ein weiterer Regierungsbaumeister a. D. ernannt: Wilhelm Stein.

Betreiber gesucht – und gefunden

Kurz nach dem Beginn der Bauarbeiten begannen die Diskussionen über den zukünftigen Betreiber der neuen Bahn. Die Bürgerschaft favorisierte eine Privatisierung und damit eine Trennung von Gleis und Betrieb und konnte sich nach längeren Verhandlungen gegenüber dem Senat durchsetzen. Gemeinsam schrieben Senat und Bürgerschaft daraufhin den Auftrag öffentlich aus.

Der einzige Bewerber, der sich innerhalb der Frist bis zum 1. August 1907 meldete, war wiederum das Konsortium aus Siemens & Halske und der AEG. In den folgenden zwei Jahren verhandelte eine aus fünf Senats- und zehn Bürgerschaftsmitgliedern zusammengesetzte Kommission über die Ausgestaltung des Betriebsvertrags, der schließlich am 25. Januar 1909 unterzeichnet wurde.

Aktie der Hamburger Hochbahn AG

*Verwaltungsgebäude und Kraftwerk
in der Hellbrookstraße, 1912*

Gründung der Hamburger Hochbahn AG

Als sich 1911 die Bauarbeiten an der Hoch-
und Untergrundbahn dem Ende näherten,
schritten Siemens & Halske und die AEG zur
Tat. Gemäß dem Betriebsvertrag von 1909
gründeten sie am 27. Mai 1911 die Betreiber-
gesellschaft: die Hamburger Hochbahn AG,
eingetragen in das Hamburger Handelsregister
am 9. Oktober 1911.

Bei ihrer Gründung war die HHA, wie die AG
schon kurz darauf genannt wurde, mit einem
Aktienkapital von 15 Millionen Mark aus-
gestattet, das in 15 000 Aktien zu je 1000 Mark
ausgegeben wurde. Die Siemens & Halske AG
steuerte 7 498 000 Mark bei, die AEG 7 499 000
Mark. Die übrigen 3000 Mark stammten von

Emil Rathenau, dem Generaldirektor der AEG,
von Heinrich Schwieger und von Paul Liez,
Vorstand respektive Prokurist von Siemens &
Halske. Jeder der drei hatte also eine Aktie in
seinem Depot.

Wie schon im Betriebsvertrag vorgesehen,
bestimmte der Gesellschaftsvertrag, dass drei
staatliche Vertreter ohne Stimm-, aber mit
Vetorecht im Aufsichtsrat der Hamburger
Hochbahn AG einen Sitz erhielten. Festgelegt
wurde weiterhin, dass die Vorstände unbe-
fristet beschäftigt waren und der Aufsichtsrat
aus mindestens fünf Männern zu bestehen
hatte. Jedes Aufsichtsratsmitglied erhielt eine
Vergütung von 7,5 Prozent des Reingewinns
nach Abzug von 5 Prozent Dividende, mindestens jedoch 2000 Mark jährlich.

Der Hamburger Staat hatte seinen Anteil an den zu erwartenden Einnahmen gegenüber den Vereinbarungen des Betriebsvertrags noch einmal erhöht: Im Gesellschaftsvertrag wurde festgelegt, dass nun nicht mehr 10 bis 30 Prozent, sondern zwei Drittel des Gewinns an den Staat abflossen und nur das übrige Drittel bei der Hamburger Hochbahn AG verbleiben konnte.

Am 27. Mai 1911 fand die Gründungsversammlung in Hamburg statt, anschließend trat der Aufsichtsrat zum ersten Mal zusammen. Zum Vorstand wurde Wilhelm Stein bestellt; Dr. Ing. Wilhelm Mattersdorff und Charles Liez fungierten als Prokuristen. Dem Aufsichtsrat gehörten an: Generaldirektor Albert Ballin (Hamburg, Vorsitzender), Arthur Warncke (Hamburg, Stellvertreter), Julius Adloff (Hamburg), Max Th. Hayn (Hamburg), Paul Liez (Berlin), Regierungsbaumeister a. D. Philipp Pforr (Berlin), Geheimbaurat Dr. Ing. E. H. Emil Rathenau (Berlin), Geheimbaurat Dr. Ing. E. H. Heinrich Schwieger (Berlin), Rechtsanwalt Dr. Joh. Semler (Hamburg) und Johan B. Schroeder (London), dazu von Seiten der Freien und Hansestadt Hamburg Senatssyndikus Dr. Albrecht, Dr. Max Albrecht und F.C.H. Heye.

Februar 1912:
Betriebsbeginn der ersten Teilstrecke

Als am 15. Februar 1912 das erste Teilstück der neuen Hoch- und Untergrundbahn zwischen Hauptbahnhof und Barmbek eröffnet wurde, gab es im Wesentlichen drei Beteiligte an diesem neuesten Hamburger Verkehrsmittel: Eigentümer der eigentlichen Schienenbauwerke war der Staat Hamburg. Der Betriebshof mit dem Kraftwerk hingegen gehörte der Hamburger Hochbahn AG, stand aber auf Grund und Boden, der vom Staat gepachtet war. Die Hamburger Hochbahn übernahm den Betrieb der Bahn auf eigene Kosten. Die Konzession dafür lief über 40 Jahre, wobei sich der Staat das Recht vorbehalten hatte, nach Ablauf dieser Zeit alle Betriebsanlagen unentgeltlich selbst in Besitz zu nehmen. Bis dahin führte die HOCHBAHN jährlich zwei Drittel ihres Gewinns an den Staat ab. Mit dem Bau der Bahn schließlich waren – entweder unmittelbar oder mittelbar über die gemeinsame Tochter Siemens & Schuckert – Siemens & Halske und die AEG betraut. Sie errichteten für den Hamburger Staat die Bahntrassen und lieferten anschließend alle Betriebsmittel an die Hamburger Hochbahn AG.

Bild rechts:
Entwurf eines Haltestellen-
hinweisschildes um 1910

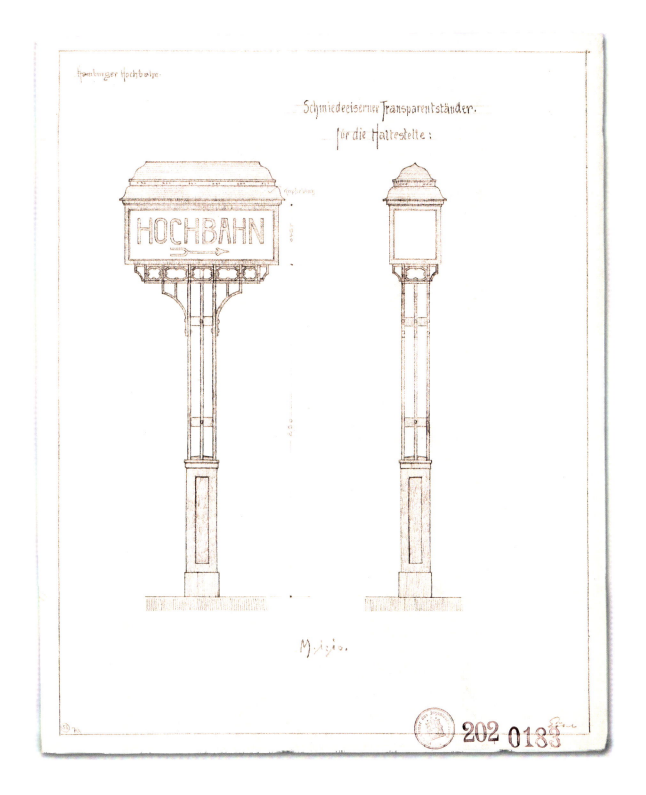

Hamburger Hochbahn.

Schmiedeeiserner Transparentständer.

für die Haltestelle:

HOCHBAHN

Wilhelm Stein – der „Vater der HOCHBAHN"

Mit Wilhelm Stein hatten die mit der Planung und dem Bau beauftragten Unternehmen Siemens & Halske und AEG einen Ingenieur erster Güte mit der Leitung des Planungsbüros betraut. In Oldenburg (Oldb.) am 5. September 1870 als Sohn des Geheimen Schulrats Dr. Heinrich Stein und dessen Frau Rosine, geb. Buleke, geboren, studierte Stein von 1888 bis 1892 Maschinenbau und Elektrotechnik in Hannover und Berlin und trat anschließend in preußische Dienste.

Kaum zum Regierungsbaumeister ernannt (1897), schied er aus dem Staatsdienst aus und fand beim damals weltweit führenden Elektrotechnikunternehmen Siemens & Halske in Berlin eine neue Heimat. Ein Jahr später, im Alter von gerade 28 Jahren, wurde Stein nach Hamburg entsandt. Seine erfolgreiche Arbeit dort brachte ihm 1906 die Leitung der für den Bau der Stadt- und Vorortsbahn gegründeten Bauverwaltung in Hamburg ein. Sechs Jahre später wurde ihm die Ehre zuteil, die Eröffnungsrede zur Inbetriebnahme des ersten Teilstücks des HOCHBAHN Rings zu halten.

Am 27. Mai 1911, unmittelbar nach der ersten ordentlichen Generalversammlung und der ersten Aufsichtsratssitzung der neuen Hamburger Hochbahn AG, wurde Stein zum alleinigen Vorstand ernannt. 1914 zog er als Hauptmann der Landwehr in den Krieg und musste sich von seinen Prokuristen Wilhelm Mattersdorff und Charles Liez vertreten lassen, bis er 1918 die Vorstandstätigkeit wieder aufnehmen konnte.

Portrait:
Wilhelm Stein

Unmittelbar nach der Machtergreifung der Nationalsozialisten wurde 1933 fast die gesamte Führungsmannschaft der Hamburger Hochbahn AG ausgetauscht und Stein in den Ruhestand versetzt. Zwischen seiner Wiedereinsetzung am 27. Juni 1945 und seiner Pensionierung am 1. Oktober 1947 übernahm er schließlich noch einmal den Vorsitz des Vorstandes und führte die Hamburger Hochbahn AG durch das Chaos der Nachkriegszeit. Vom 20. November 1947 bis zu seinem endgültigen Ausscheiden am 14. Juli 1953 war er Mitglied des Aufsichtsrats der HOCHBAHN.

Steins internationales Renommee spiegelt sich in diversen Ehrenämtern wider: Ab 1920 war er Präsident des Verbandes deutscher Verkehrsverwaltungen und zugleich Vizepräsident des Internationalen Vereins der Straßenbahnen, Kleinbahnen und Kraftfahrtunternehmen in Brüssel – in einer Zeit, in der Deutschland aufgrund des Krieges weltweit noch geächtet war. Ebenso gehörte er als Mitglied dem Reichsbahnrat an und wurde schließlich 1928 von der Technischen Hochschule Hannover ehrenhalber zum Dr. Ing. promoviert.

Seinen Altersruhesitz hatte Stein zusammen mit seiner Frau Elise, geb. Forstmann, in der Brahmsallee 85 in Hamburg. Dort starb er am 14. Dezember 1964 im Alter von 94 Jahren.

Gefunden:
Das Abenteuer beginnt

Nachdem der Senat die entscheiden-
den Weichen für den Bau der Hoch-
und Untergrundbahn in Hamburg
gestellt hatte, konnte das Aben-
teuer beginnen. So minutiös, wie
es eben möglich war, planten die
Ingenieure den Bau – um doch immer wieder von unvorhergesehenen Ereig-
nissen überrascht und auf die Probe gestellt zu werden. Vom Vorgehen, vom
Fortschritt, aber auch von den Rückschlagen in der sechsjährigen Bauzeit der
Strecke berichten wir in diesem Kapitel. Außerdem geht es um die Haltestellen
und ihre besondere Bedeutung für die junge Metropole und schließlich um das
Gesamtwerk des neuen Verkehrskonzepts in Hamburg.

Technik, die begeistert: Perfekte Koordination

Sorgfältige Planung für ein logistisches Meisterwerk

Die Geschichte des Ringbaus begann ohne
Musikkapelle, Zylinder und Sekt. Große
Feierlichkeiten gab es anlässlich des Bau-
beginns am 7. Oktober 1906 nicht. Als der
Hamburger Senat am 1. Juni 1906 den Bauvertrag mit Siemens & Halske und der AEG
genehmigt hatte, lag das Bauprogramm für
die neue Hoch- und Untergrundbahnstrecke
rund um die Alster bereits vor.

Die Arbeiten konnten beginnen.

Bevor die Bautrupps anrücken konnten, waren
die Ingenieure gefragt. Sie machten sich zunächst ein genaues Bild vom Untergrund, auf
den sie ihre Schienen legen und durch den sie
ihre Tunnel graben wollten.

Schon zwei Tage nach der abschließenden
Genehmigung des Bauprogramms, am 26.
Juli 1906, versenkte die Firma für Tief-
bohrungen und Brunnenbau Fr. Albert Eising
auf dem Adolphsplatz die ersten Bohrer zwölf
Meter tief in die Erde. Rund 400 Erdlöcher

Brückenbau am Kuhmühlenteich, 1911

wurden in der Folgezeit entlang der geplanten Ringstrecke gebohrt und das Erdreich für Analysen ans Licht gebracht. Alle so gewonnenen Daten flossen in ein geologisches Gesamtbild, das in Zusammenarbeit mit dem Mineralogisch-Geologischen Institut Hamburg erstellt wurde. Auf der Basis dieser Vorkenntnisse erstellte die Bauverwaltung ihre detaillierten Pläne zu den Arbeitsabläufen.

Welch logistische Meisterleistung dies war, wird deutlich, wenn man sich bewusst macht, dass der Ring nicht Stück für Stück entlang der Strecke entstand, sondern vielmehr zeitgleich an vielen verschiedenen Stellen aus dem Boden wuchs. Zahlreiche Baufirmen begannen unterschiedliche Arbeiten an mehreren Teil-

stücken gleichzeitig. All diese Arbeiten mussten koordiniert ablaufen, ein Rädchen musste präzise in das andere greifen, damit die Zeit- und vor allem die Kostenpläne eingehalten wurden.

Startpunkt Hohenfelde: Es wird laut

Die erste Baumaßnahme begann bereits vor dem ersten Spatenstich für den eigentlichen Bau der Bahn, nämlich am Morgen des 5. Oktober 1906 am Kuhmühlenteich: Während Arbeiter die gesamte Uferböschung abholzten, vermaß eine Gruppe von Ingenieuren das Terrain von dort in Richtung Uhlandstraße. Dort begannen Bauarbeiter damit, zwei Häuser einzureißen, über deren Grundstücke später die neue Bahn fahren sollte.

Tunnelbau für die Stichstecke nach Eimsbüttel in der Fruchtallee, 1911

Drei Wochen später trieben große Rammen mit dumpfem Dröhnen Pfähle in den Untergrund, Gerüstbauer machen sich an die Arbeit. Ein Stück weiter in der Uhlandstraße setzten Betongießer Fundamente für eiserne Pfeiler, und in der Güntherstraße wurden weitere Häuser abgerissen.

Was hier entstand, war das Rückgrat des Ringbaus: die Förderbahn. Vom Ufer des Kuhmühlenteichs, wo eine provisorische Anlegestelle für Schuten und Ewer erbaut wurde, führte sie bis zu den Stellen in Hohenfelde, wo die ersten Tunnelarbeiten ausgeführt wurden. Mit der Förderbahn wurde der Abraum bis zum Kuhmühlenteich transportiert, dort in Schuten umgeladen und nach Norden Richtung Barmbek bis zum eigens angelegten Stichkanal befördert, der dort vom Osterbekkanal abzweigte. Auf dem Stichkanal ging die

Fahrt weiter bis in die Nähe der Baustellen, an denen die Erdwälle für die dortige Trasse aufgeworfen wurden.

Für ihren Rückweg vom Kuhmühlenteich zur Tunnelbaustelle lud die Förderbahn Baumaterial, das hier von den Ewern oder Schuten angelandet wurde. Um die Bahn anzutreiben, hatte die Bauverwaltung in der Angerstraße ein eigenes kleines Kraftwerk errichtet, das den notwendigen Strom lieferte. So begann es im Herbst 1906 überall in Hamburg zu rumoren, zu hämmern und zu dröhnen. Bauarbeiter rissen Straßen auf und Häuser ab, Fundamente wurden gegossen, Wälle aufgeschüttet, schwer beladene Schuten pendelten über die Alster und überall achteten Vorarbeiter und Ingenieure mit Plänen in der Hand darauf, dass ihre Vorgaben genau ausgeführt wurden.

Unter der Erde:
Viele Arbeitsschritte für sichere Tunnel

Der Tunnelbau war die technisch größte Herausforderung für Ingenieure und Arbeiter. Zwischen 1906 und 1912 entstanden fast 7 Kilometer unterirdische Strecken, zwischen dreieinhalb und viereinhalb Meter hoch und breit. Am Adolphsplatz und am Mönkedamm begannen im Auftrag von Siemens & Halske bereits im Dezember 1906 40 Mann der Firma F. H. Schmidt, Hamburg-Altona-Wilhelmsburg, mit dem Bau eines ersten kleinen Tunnelstücks. Hier wurden zunächst Löschanlagen errichtet, um den ausgehobenen Boden abtransportieren zu können.

Nach den ersten Ausschachtungsarbeiten kam schweres Gerät zum Einsatz: Auf dicken T-Trägern aus Stahl stellten Arbeiter eine große Dampframme auf, mit der Pfähle in den Boden getrieben wurden. Sie dienten der Befestigung der Seitenwände. Um auch das Fundament zu versteifen, stiegen mehrere Arbeiter in die Grube und rammten mit einer Handramme weitere Pfähle in den Untergrund.

Alle Tunnelstrecken wurden in Hamburg in offener Bauweise angelegt. Dabei wurde die Straße, unterhalb der die Bahn ihren Tunnel erhalten sollte, ganz oder teilweise aufgerissen und in eine große Baugrube verwandelt. Für die Arbeiter hatte das den Vorteil, dass sie bei Tageslicht und frischer Luft graben, schaufeln und hacken konnten.

Die Gruben, in denen sie arbeiteten, wurden von Doppel-T-Trägern (Eisenprofilträger) mit eingelegten Bohlen gestützt. Da häufig in unmittelbarer Nähe Gebäude standen, wurden zusätzlich Holzbalken schräg eingestellt, die die Last von den Stahlträgern nahmen oder, zwischen die Tunnelwände geklemmt, diese gegeneinander stützten.

Streckenbau am Hauptbahnhof, 1911

Einsatz des Dampfbaggers beim Tunnelbau, 1913

auf ein Bett aus Steinschotter. Unter jedem Gleis bauten sie eine Rinne ein, in der eingedrungenes Wasser abgeführt werden konnte. Diese Rinnen führten wiederum zu Sammelschächten, aus denen die Pumpen das Wasser absaugten. Neben das Gleis wurde die Stromschiene, das Herzstück der neuen Hoch- und Untergrundbahn, eingezogen, die dem Stromabnehmer des Motorwagens die benötigte Energie liefern würde. An den Tunnelwänden schließlich wurden alle Kabel verlegt, die die unterirdischen Anlagen mit Strom versorgten.

Über der Erde:
Schweres Gerät für mächtige Viadukte

Nicht weniger mühsam war die Errichtung der eisernen Viadukte auf rund drei Streckenkilometern der Ringlinie. Noch im Herbst 1906 hatte die Bauverwaltung einen Vertrag mit der Maschinenfabrik Augsburg-Nürnberg (MAN), Werk Gustavsburg, über die Planung und den Bau der Eisenkonstruktionen für die Viadukte und die Brücken geschlossen. Für die Herstellung der Bauteile zog man die Brückenbau-Anstalt Gutehoffnungshütte in Sterkrade bei Bottrop und das Unternehmen Steffens & Nölle aus Berlin hinzu.

Die Viadukte wurden nicht in einem Stück errichtet. Um Unterhaltungskosten zu sparen, hatte die Bauverwaltung vorgesehen, dass zunächst, abgestimmt mit den örtlichen Bedürfnissen und dem restlichen Baufortschritt, die Fundamente gelegt werden sollten. Diese waren weniger anfällig gegen Witterungsein-

Zwischen den eingezogenen Spundwänden standen die Arbeiter und hoben mit Schaufeln, Schubkarren und kleinen Dampfbaggern das Erdreich aus, zogen anschließend eine wasserdichte Zementsohle ein und dichteten die Wände des Tunnels mit Beton ab: Dazu wurden diese zunächst mit Stahlträgern und Holzbohlen geschalt, dann gossen die Arbeiter den in elektrischen Mischmaschinen hergestellten Beton in die Zwischenräume der Verschalung, ließen ihn aushärten und dichteten die Wand dann mit Bitumen (Erdpech) ab, bevor sie sie mit Kacheln verkleideten. Gas-, Kanalisations- und Wasserleitungen sowie Kabel wurden über oder unter dem Tunnel entlanggeführt.

Zum krönenden Abschluss der Tunnelarbeiten wurden die Gleise eingebaut. Gleisarbeiter verlegten zunächst hölzerne Querschwellen

flüsse und Vandalismus als die Eisenkonstruktionen, die darauf ruhen sollten. So wurden die Fundamente beispielsweise an der Hafenstrecke bereits 1904 im Zuge von Sielbauarbeiten und in der Isestraße schon im Mai 1907 gelegt, damit die übrige Bebauung voranschreiten konnte. Die Oberbauten folgten erst drei Jahre später.

Als 1910 der Bau des Rings so weit fortgeschritten war, dass die Eisenkonstruktionen montiert werden konnten, begann eine für Zuschauer spektakuläre Bauphase: Aus Gustavsburg, Berlin und Sterkrade wurden die Einzelteile der Viadukte geliefert und vor Ort zusammengesetzt. Dazu errichteten die Stahlbauer zunächst hölzerne Gerüste. An Winden und Dampfkränen hängend, wurden die mächtigen Stahlteile in die Höhe gewuchtet. Am Boden fertigten Arbeiter Stampfbetonträger, die anschließend zu stabilen Eisen-

Viaduktbauteile, April 1911

betonpfählen veredelt wurden und die Hauptlast der Viadukte trugen. Mit Bockkränen auf Schienen richteten die Stahlbauer die schon vorbereiteten Träger der Viadukte auf.

Nun waren die Nieter an der Reihe. Auf den Trägern und Gerüsten stehend, verschraubten sie die Eisenteile, um sie anschließend in schwerster Knochenarbeit mit großen Vorschlag- oder Presslufthämmern ineinanderzufügen. Insgesamt mussten in ein einziges Pendeljoch, also ein halbkreisförmiges „Bein" eines Viaduktabschnitts, rund 500 Nieten geschlagen werden.

Unterhalb des Viadukts ging unterdessen die Arbeit weiter: Während über ihnen – noch gestützt durch die Holzkonstruktionen – die Stahlgerüste aufgerichtet wurden, wurden

Viaduktbau Hoheluftbrücke um 1909

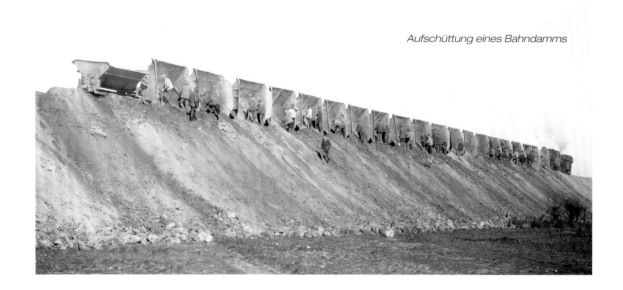

Aufschüttung eines Bahndamms

unten die Betonbauer wieder tätig. Sie erstellten nun die Widerlager des Viadukts, indem sie hinter das Verblendmauerwerk Eisenbeton stampften.

Die eisernen Viadukte der HOCHBAHN wurden schon von den Zeitgenossen mit großen Augen bestaunt. Wuchtig und grazil zugleich, waren sie Ausdruck höchster Konstruktionsfertigkeit und zugleich der beeindruckende Beweis, dass fast alles machbar war, was die Ingenieurskunst sich ausdachte.

Auf der Erde: Skeptisch beäugte Dämme und Einschnitte

Die 12 Kilometer Erddämme und 1,6 Kilometer Einschnitte, über die die Bahn auf dem längsten Teil ihrer Fahrt rund um die Alster geführt wurde, bildeten im Vergleich zu den

Tunneln und Viadukten einen harten Kontrast. Während die Ingenieurskunst bei den Arbeiten tief unter und hoch über der Erde sie in Erstaunen und Faszination versetzte, sahen die Hamburger die geplante Anlage von Eisenbahndämmen quer durch ihre Stadt eher mit Skepsis, wie zum Beispiel in den *Hamburger Neuesten Nachrichten* am 21. Oktober 1905 nachzulesen war: *„Aber der Hochbau bleibt [...] eben Hochbau und ihm lassen sich nur wenige angenehme Seiten abgewinnen. Das beste dabei sind die Brücken, bei denen man wenigstens durch schlanke Konstruktion auf die Form wirken kann. Wer aber will aus einem Eisenbahndamm künstlerische Wirkungen hervorlocken?"*

Dabei war auch der Bau dieses Teils der Strecke eine große logistische Herausforderung, schließlich mussten Millionen Kubikmeter

Erde, Sand, Geröll, Stein und Schotter transportiert werden. Die Arbeit an den Dämmen begann im März 1907 in Barmbek, nachdem der vom Osterbekkanal abzweigende Stichkanal fertiggestellt war. Von hier aus zogen die Arbeiter ihren Damm Stück für Stück in Richtung Winterhude, durch eine Gegend, die damals noch weitgehend unbebaut, aber für die Stadterweiterung und vor allem die Anlegung des Stadtparks schon ins Auge gefasst worden war.

Zehn bis zwölf Stunden täglich schufteten die Arbeiter, und das an sechs Tagen in der Woche. Maschinen gab es kaum: Kleine Loren und Bagger waren ihre einzigen Hilfsmittel, um das Erdreich auszuheben und abzutransportieren – Eimerkettenbagger mit einer Hubleistung von 1000 Kubikmeter je Arbeitsschicht und die kleineren Löffelbagger, mit denen 700 Kubikmeter Erdreich bewegt werden konnten.
Der Rest war Handarbeit.

Neue Lebensadern für die Hansestadt

Nach nur sechs Jahren Bauzeit war Hamburg durchzogen von einem Ring aus Viadukten, Dämmen und Tunneln. Mit ihrer Errichtung hatten die Arbeiter den tief greifenden baulichen Wandel vollendet, den Hamburg am Ende des 19. und zu Beginn des 20. Jahrhunderts vollzog. Mit ihrer Hände Arbeit gaben sie der Stadt ein neues Gesicht, machten sie zu einer Metropole und schufen die Grundlagen für ein Verkehrsmittel, das Hamburg den Weg in die Moderne wies.

Viaduktbau an der Isestraße, 1909

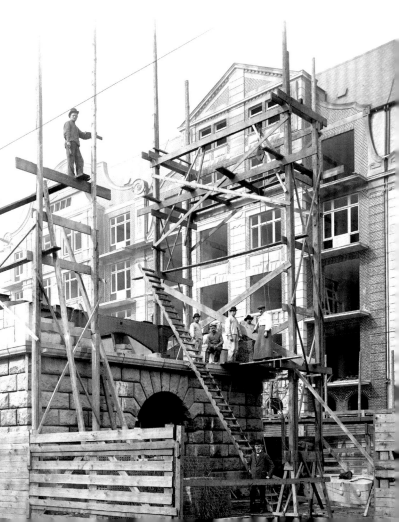

Dem Bürgertum in die gute Stube geschaut

Bürgertum und Arbeiterschaft waren noch zu Beginn des 20. Jahrhunderts strikt getrennt. Kleidung, Freizeitaktivitäten und natürlich auch die Wohnverhältnisse unterschieden sich grundlegend. In den meisten Bürgerhäusern gab es etwa getrennte Eingänge für die „Herrschaften" und das „Gesinde". Erstere merkten nicht, wie die Lebensmittel in das Haus kamen, wer das Heizmaterial brachte oder die frisch gewaschenen Hemden. Auch die Arbeitsplätze im Kontor waren weit entfernt von Handwerksbetrieben und Industrieanlagen.

Viadukt Isestraße Richtung Eppendorfer Baum, Juli 1911

Welche Neuerung war es da, sich auf den Bahnsteigen der HOCHBAHN zu begegnen! Besonderes Anschauungsmaterial über die bürgerliche Lebensweise erhielten die Fahrgäste auf der Strecke zwischen Kellinghusenstraße und Hoheluftbrücke. Ab 1912 blickten die Arbeiter nicht mehr nur an den mondänen fünfstöckigen Häuserfronten am Loehrsweg und in der Isestraße hinauf, sondern auf Augenhöhe in sie hinein, während sie in der HOCHBAHN auf den eisernen Viadukten an diesen vorbeischwebten. Noch heute kann man auf diesem Streckenabschnitt aus den Fenstern der HOCHBAHN direkt den dort wohnenden Menschen in die gute Stube schauen.

Die Viadukte waren auch damals schon eine Attraktion für sich. Das Viadukt von der Uhlandstraße bis zur Haltestelle Barmbek beispielsweise galt nicht nur als technisches Meisterwerk mit aufwendigen Verzierungen, sondern diente den Zeitgenossen auch als Dach, unter dem sie gern flanierten. Und wo heute auf dem Isemarkt Waren feilgeboten werden, schlenderte damals die Hautevolee fast wie in einem Kurpark, wie es in zeitgenössischen

Haltestelle Hoheluftbrücke mit Blick in Richtung Eppendorfer Baum, Juni 1912

Berichten heißt. Unter dem Viadukt wurde ein Promenadenweg angelegt, der zu beiden Seiten von Gartenanlagen flankiert wurde. Die „Hoheluft" verstärkte noch das Gefühl von Kuranlage, Assoziationen von „frischer Luft", vom Urlaub auf dem Land drängten sich auf.

Auf Brücken, Erddämmen und Viadukten durchquerte die neue Bahn die Eppendorfer Looge, wo sich ein vornehmes Villenviertel entwickelte, und durchfuhr dann die Isestraße. Zur Bebauung mit zahlreichen Villen kamen dort nun auch die damals modernen Bürgerhäuser hinzu. Gleichzeitig mit dem Bau der HOCHBAHN entstanden hier viele private Bauten – nicht von allen Alteingesessenen gern gesehen, versperrten sie doch den Villenbewohnern die Sicht. Es blieb aber der Vorteil der schnellen Anbindung an die Innenstadt und an die Ringstrecke der HOCHBAHN.

Schwierigkeiten, die herausfordern: Ungeahnte Hindernisse

Kein Bauvorhaben dieser Größenordnung verläuft ohne Komplikationen. Beim Bau der HOCHBAHN begannen die Schwierigkeiten bereits mit der Planung des Trassenverlaufs.

Enteignung von Grundstücken: Des einen Freud, des andern Leid

Der Verlauf der Trasse für die Hamburger Hoch- und Untergrundbahn musste auf den Meter genau festgelegt, Grundstücke gekauft und enteignet und Verkehrsströme anhand der zu erwartenden Baubeeinträchtigungen umgeleitet werden.

Während die Bürgervereine in den Stadtteilen mit Petitionen versuchten, Einfluss auf den Trassenverlauf zu nehmen, liegen die genauen Umstände des Grundstückserwerbs bis heute oft völlig im Dunkeln. Einige Grundbesitzer konnten ihre Grundstücke und Gebäude gewinnbringend veräußern, wie die Herren Schröder und Michaelsen, die für ihr Hotel Weidenhof am Burstah 1906 noch 700 000 Mark bekamen und damit eine Rendite von 60 Prozent innerhalb von nur sechs Jahren erzielten. Andere Immobilienbesitzer verloren hingegen mit der öffentlichen Bekanntgabe des Trassenverlaufs nicht nur Mieteinnahmen durch zunehmenden Leerstand, sondern mussten auch mit ansehen, wie

ihre Häuser rapide an Wert verloren, je länger sich die Planungen hinzogen. Die Verhandlungen zwischen Stadt und Hauseigentümern verzögerten den Bau, so auch in der Güntherstraße in Hohenfelde, wo die Arbeiten an der Lorenbahn, den Gerüsten und Brücken immer wieder unterbrochen werden mussten.

Kampf gegen Naturgewalten

Trotz sorgfältigster Planungen und präziser Vernetzung der Arbeitsabläufe, einer umfassenden Logistik und verkürzter Bürokratie musste immer mit Verzögerungen gerechnet werden. Diese entstanden dabei weniger durch wechselnde Witterungseinflüsse, die ohnehin in die Planung einbezogen worden waren – tatsächlich waren in den sechs Jahren Bauzeit die meisten Winter so mild, dass selbst im Dezember und Januar weitergebaut werden konnte. Nur bei Frost mussten Maurerarbeiten und Betonschüttungen sofort unterbrochen werden. Auch Kabel konnten nicht mehr verlegt werden, wenn die Temperatur unter 4 Grad Celsius sank.

Während des Bauablaufs stießen die Arbeiter auf schwierigen Untergrund, mit dem trotz der Probebohrungen niemand hatte rechnen können. Am Steintorplatz standen alte Befestigungsanlagen den Arbeiten im Weg, an der Kuhmühle erschwerte sehr zäher Boden, eine scharfe Abgrenzung von Sand und Moor, die Fundierung der Widerlager erheblich. Auch in der Alsterniederung war der Untergrund moorig, eine tiefe Torfschicht machte hier die

Baustelle in der Gr. Johannisstraße neben dem Börsenfundament, Mai 1908

Rammarbeiten kompliziert, der Bau der Brücken für die Ringlinie wie für die Nebenstrecken verzögerte sich.

Wasser von allen Seiten

Aber auch der Grundwasserspiegel und die Fleete in der Innenstadt ließen bei überraschend starken Regenfällen Baugruben überfluten; Wassereinbrüche in Tunnelanlagen waren keine Seltenheit. In solchen Fällen musste zunächst das Wasser mühsam abgepumpt werden, während alle übrigen Arbeiten ruhten. Am Rödingsmarkt konnten die Fundamente für das Viadukt zunächst nicht gelegt werden – weil sich hier vormals ein Fleet befunden hatte, war der zugeschüttete Boden besonders locker. Der Wasserstand der Elbe, dem für die Zufuhr des Baumaterials größte Bedeutung zukam, war 1909 ungewöhnlich niedrig und verursachte weitere Verzögerungen.

Vermessung der Baustelle am Hauptbahnhof nach einem Wassereinbruch um 1908

Die in Hamburg unweigerlich drohenden Wassereinbrüche waren nicht nur in den Tunneln ein großes Problem, sondern auch bei den Dämmen, auf denen die Trasse verlaufen sollte. War der Boden, auf dem sie errichtet wurden, nicht stabil genug, so bestand die Gefahr, dass der Damm absackte oder Erdreich abrutschte und die Arbeiter am Fuß des Dammes in Lebensgefahr brachte.

Der relativ hohe Grundwasserspiegel war vor allem bei Einschnitten problematisch. Wurde dieser Horizont durchschnitten, konnte es vorkommen, dass sich kleine Quellen bildeten, die den Boden aufweichten und teilweise noch jahrelang Wasser führten. Hilflos mussten an vielen Bauabschnitten die Arbeiter mit ansehen, wie dadurch ganze Böschungen, mit denen die

Seiten des Einschnitts befestigt werden sollten, abrutschten und ihre Arbeit zunichte machten.

Aber nicht nur das Grundwasser erschwerte immer wieder die Arbeiten. Auch von oben drohte Gefahr: Nach starken Regenfällen weichte der ohnehin an vielen Stellen durchnässte Boden der Dämme so weit auf, dass der ganze Damm förmlich auseinanderfloss. Die Arbeiter mussten also dafür sorgen, dass so wenig Wasser wie möglich in die Dämme und Einschnitte hineingelangte und das vorhandene Wasser dauerhaft abgeleitet wurde. An besonders gefährdeten Stellen pflanzten sie deshalb Gras, Büsche und Bäume an. Bei den Dämmen stampften sie außerdem die oberen Schüttlagen stark ein und überzogen die Oberkante mit kleinen Entwässerungsschlitzen.

Zeitverluste durch Planänderungen

Noch während der sechsjährigen Bauzeit kam es zudem zu Änderungen der Streckenführung. Die Haltestellen Schlump und Hauptbahnhof mussten von zwei auf vier Gleise erweitert werden, andere Bahnhöfe erhielten statt Mittelbahnsteigen Außenbahnsteige. Vor allem die Anlage am Hauptbahnhof war kompliziert – der Ausbau auf drei Ebenen bei gleichzeitigem Vollbetrieb der Eisenbahnstrecke dauerte erheblich länger, als die Ingenieure geplant hatten. Auch am Barmbeker Markt (Dehnhaide) wurden die Bauarbeiten unterbrochen. Hier sollte ursprünglich die Walddörferbahn einmünden; ein Plan, der aber schließlich verworfen wurde.

Beim Bau von Tunnelstrecken war die Verlegung von vorhandenen Siel-, Gas-, Strom- und Wasserrohren sowie Telefon- und Telegrafenleitungen genau geplant. Wenn allerdings, wie beim Bau der Zweigstrecke nach Eimsbüttel, die Streckenführung kurzfristig verändert wurde, so mussten diese Detailplanungen angemessen berücksichtigt und in die Gesamtplanung integriert werden. Dies bedeutete zusätzlichen Zeitaufwand, sodass sich die Bauzeit zum Teil erheblich verlängerte.

Ungeduld in der Hamburger Bevölkerung

Der ambitionierte Plan, die Ring- und die drei Zweiglinien zeitgleich zu errichten, trug zweifellos seinen Teil dazu bei, dass sich schließlich die Eröffnung der Hoch- und Untergrundbahn erheblich verzögerte. In der Öffentlichkeit hatte man kaum Verständnis für das lange Warten auf die neue Bahn, dafür war die Vorfreude viel zu groß, was sogar im Protokoll der 8. Sitzung der Senatskommission für die Stadt- und Vorortsbahnen vom 21. Januar 1911 anklingt: *„Von Herrn Oberingenieur Sperber wird darauf hingewiesen, daß mit den Gesellschaften durch Vertrag bestimmte Termine für Fertigstellung der Bahnbauten und für die Eröffnung des Betriebes vereinbart seien und daß an diesen Terminen unter allen Umständen festgehalten werden müsse. Eine Überschreitung der Termine, für welche die Gesellschaften ausschließlich verantwortlich seien, werde in der Bevölkerung sehr missliebig aufgenommen werden."*

Arbeitskämpfe und politische Querelen

In der zeitgenössischen Presse wurde noch ein weiterer Grund für die häufigen Bauunterbrechungen verbreitet: Arbeitsniederlegungen und Streiks. Zwar gab es nie einen Generalstreik, doch traten immer wieder einzelne Gewerke wie Tischler oder Betonarbeiter für Arbeitsverbesserungen in den Ausstand. Innerhalb der sechs Jahre Bauzeit gab es insgesamt wohl 280 Tage, an denen Arbeitskämpfe stattfanden – darunter rund 80, an denen Arbeiter oder Gruppen von Arbeitern ausgesperrt wurden. Nur während des Arbeitskampfes im Baugewerbe im Jahr 1908 dürfte der gesamte Bau geruht haben – sonst waren nur Teilbereiche betroffen, wie der Fenstereinbau in den Haltestellen oder Steinmetzarbeiten.

Schließlich wurden die Bauverzögerungen auch zum Gegenstand der politischen Auseinandersetzung gemacht und die Sozial-

Haltestelle Berliner Tor, 1910

Trotz dieser zahlreichen und teils unvermutet auftauchenden Hindernisse schritt der Bau von 17,5 Kilometern Gesamtstrecke und 23 Haltestellengebäuden im internationalen Vergleich aber erstaunlich schnell voran.

Bauten, die beeindrucken: Prachtvolle Haltestellen

Waren die Viadukte, die Brücken und Dämme die neuen Linien, die Hamburg gliederten, dann waren die Haltestellen ihre Knotenpunkte: Hier stieg man in das Netz ein, hier begann die Verbindung zum übrigen Verkehr. Wie alle Bauten der Hoch- und Untergrundbahn waren die Haltestellengebäude nicht in ihrer Reihenfolge auf der Strecke und nicht an einem Stück entstanden, sondern in das ausgeklügelte logistische Konzept des gesamten Ringbaus eingefügt und nach diesem errichtet worden. Die zuerst hergestellten Fundamente waren lange Zeit hindurch das einzige, was interessierte Beobachter zu Gesicht bekamen.

demokratie als solche zur Schuldigen erklärt – wohl allzu offensichtlich ein Ablenkungsmanöver der Bauleitung. Die Sozialdemokraten standen bei der Bauverwaltung ohnehin im Verdacht, von vornherein gegen den Bau der HOCHBAHN gewesen zu sein, weil ihrer Meinung nach die Politik zu wenig Einfluss auf den Betrieb der Bahn nehmen könnte. Das *Hamburger Echo* meinte, einen Ablenkungsversuch der Bauverwaltung von eigenen Planungsfehlern entlarvt zu haben und schrieb am 16. September 1911: *„Nein, die Bauverwaltung schwenkt doch etwas zu aufdringlich den roten Lappen, als daß es nicht auffallen und verdächtig werden sollte. Auch der Spießer in Hamburg wird ungeduldig, da es so gar nicht weiter geht. Und die Bauverwaltung hat gar nichts, womit sie dem Unmut ehrlich begegnen könnte. Darum muß ein Popanz gemacht werden, und man zeigt zu diesem Zweck dreist und gottesfürchtig auf die Sozialdemokratie. Sie ist vaterlandslos, also was kümmert sie die Nöte der Vaterstadt (...)"*

Haltestelle Eppendorfer Baum um 1912

Hamburg zeigt Flagge:
Haltestellen als stolze Wahrzeichen

Lange bevor allerdings mit dem Bau der Haltestellen begonnen werden konnte, war eine weit
reichende Entscheidung gefallen, die Hamburg
ein bis heute herausragendes Merkmal seiner
HOCHBAHN bescherte: Bewusst entschied man
sich gegen einfache Einstiegspunkte wie in
London oder New York. Stattdessen sollten die
Haltestellen in repräsentativen neuen Gebäuden untergebracht werden. Hamburg wollte
der Welt zeigen, dass es in der neuen Hoch-
und Untergrundbahn mehr sah als nur ein
Massentransportmittel. Die HOCHBAHN sollte
sich nicht verstecken, sondern äußerliches
Zeichen der Moderne sein. Gerade in den
dünner besiedelten Gebieten waren die Haltestellen der HOCHBAHN die Tore in die Stadt.
Schon von Weitem symbolisierten sie das
Mondäne, das Städtische in einem häufig noch
ländlich geprägten Umfeld.

Architekten schaffen bauhistorische Kleinode

Die Planung der Haltestellengebäude über-
nahmen Architekten, bekannte und noch unbe-
kannte. Schließlich sollten die Haltestellen nicht
nur schön anzuschauen sein, sondern sich
auch in die Umgebung einpassen. Individuali-
tät war gefragt, Musteranlagen hingegen uner-
wünscht und von vornherein ausgeschlossen.

So entstanden ab 1910 architektonische Klein-
ode wie die Haltestelle Mundsburg, die von der
damals bekannten Architektengemeinschaft
von Ludwig Raabe und Otto Wöhlecke aus
Altona als monumentaler Ziegelbau in typischer
Reformarchitektur gestaltet und mit Sandstein-
elementen optisch abgerundet

Haltestelle
Kellinghusenstraße, 1911

Brücken über die Helgoländer Allee, 1911

worden. An der Stirnseite der Treppenschächte waren in einem aufwendigen Gehäuse aus getriebener Bronze Uhren angebracht und zusätzlich die Bahnsteige mit reich verzierten Platten verblendet worden.

Auch die Brückenbauwerke wurden von Architekten gestaltet. Zwar galten die Eisenkonstruktionen als reine Zweckbauten, doch richtete man ein besonderes Augenmerk auf die Widerlager. Fußgänger, die genau hinschauten, konnten reiche Verzierungen, Steinreliefs und Ornamente aus Muschelkalk, Basaltlava, Porphyr, Granit und Sandstein entdecken. Einige Brücken wurden sogar als Gesamtkunstwerke gestaltet, wie die über die Helgoländer Allee, für die der Architekt Emil Schaudt verantwortlich zeichnete. Er hatte bereits das Bismarck-Denkmal entworfen, das sich über die St.-Pauli-Landungsbrücken und die Elbtunneleinfahrt erhob. Nun erhielt er den Auftrag, die Haltestelle der HOCHBAHN unterhalb des Stintfangs zu gestalten. Unter seiner Federführung entstand an der Hafenkante ein bis heute beeindruckendes Ensemble, das allen Reisenden, die Hamburg von der Elbe aus erreichen, einen unverwechselbaren ersten Eindruck vermittelt.

worden war. Erfahrung mit dem auch architektonisch neu entstandenen Hamburg hatten die beiden genug, hatten sie doch bereits die St.-Pauli-Landungsbrücken und das Eingangsgebäude des Alten Elbtunnels entworfen.

Ganz anders zeigte sich die Haltestelle Rathausmarkt, von den Zeitgenossen als die wichtigste des ganzen Rings angesehen. An ihr wurde deutlich, dass der Wille zur repräsentativen Ausgestaltung sich nicht auf die oberirdischen, weithin sichtbaren Haltestellen beschränkte. Gustav Hart und Alfred Lesser aus Berlin hatten zahlreiche Wohnhäuser, Villen und den Trausaal der Synagoge Fasanenstraße der Hauptstadt gestaltet, bevor sie sich dieser zentralen Haltestelle unter der Erde widmeten. Nach deren Fertigstellung betraten die Fahrgäste am Rathausmarkt eine elegante Komposition aus grünem und gelbem Marmor. Auch Majolika der königlich-preußischen Porzellanmanufaktur in Candinen (heute Kadyny) war hier verbaut

Namensgebung der Haltestellen

Zwischen 1910 und 1912 wurden überall rund um die Alster die Haltestellenbauwerke errichtet. 1910 waren die Arbeiten am Hafentor (Landungsbrücken) in vollem Gange, Berliner Tor war fast vollendet, in der Lübecker Straße fehlten nur noch einige Außenarbeiten. Flurstraße (Saarlandstraße) und Sierichstraße waren schon fertig, Eppendorfer Baum war in Arbeit. Noch im Rohbau befanden sich die Haltestellen Hoheluftbrücke und Schlump, am Rödingsmarkt waren erst die Fundamente gelegt. Ein Jahr später waren die Arbeiter auch beim Hauptbahnhof mit dem Rohbau so weit fertig, dass die Wandplatten angesetzt werden konnten. An der Haltestelle Mundsburg wurde noch fleißig gearbeitet, am Barmbeker Markt (Dehnhaide) waren die Bauarbeiten abgeschlossen. Den Oberbau der Haltestelle Kellinghusenstraße hingegen hatte die Bauverwaltung gerade erst in Auftrag gegeben. Ein Dreivierteljahr später, im September 1911, begann man mit dem Bau der noch fehlenden Haltestellen: Baumwall, Rödingsmarkt, Hafentor (Landungsbrücken) und Millerntor (St. Pauli), wo erst einige in den Boden gerammte Pfeiler die Stelle anzeigten, an der der Zugang zu den unterirdischen Bahnsteigen entstehen sollte.

Die Namen der Haltestellen waren bereits in der Planungsphase festgelegt und Bürgervereine an der Namensfindung beteiligt worden. Dennoch kam es zu vereinzelten Umbenennungen, etwa wenn Verwechslungsgefahr bestand. So wurde die Haltestelle Barmbeker Markt noch vor der Eröffnung in Dehnhaide umbenannt, um sie deutlicher von der Haltestelle Barmbek abzuheben. Für das Berliner Tor verlief die Namensfindung andersherum: Hier legte 1909 die Senatskommission ihr Veto ein und begründete, es gebe schon drei Bahnhöfe mit diesem Namen. Ihr Vorschlag, die Haltestelle stattdessen Strohhaus zu nennen, setzte sich im Senat

jedoch nicht durch. Der Name Berliner Tor sei deshalb sinnvoll, hieß es, weil er deutlich mache, dass alle hier liegenden Stationen einem einzigen Verkehrkonzept dienten.

Eine Stadt – ein Verkehrskonzept

Berliner Tor, Hauptbahnhof, Landungsbrücken – mit den neuen Haltestellen der HOCHBAHN wurde deutlich, dass sich das Verständnis des städtischen Verkehrskonzepts grundlegend gewandelt hatte. Statt die Verkehrsmittel unverbunden nebeneinander zu betreiben und es den Fahrgästen zu überlassen, sich den Weg vom einen zum anderen zu suchen, erkannte man die Vorteile der Vernetzung und betrachtete den Verkehr als Ganzes. Die neuen Haltestellen machten diesen Wandel für alle Hamburger erlebbar. Mit der Straßenbahn zur HOCHBAHN, mit der HOCHBAHN zum Fernverkehr, mit dem Fernverkehr in alle Welt – das war das neue Hamburg.

Eingangshalle der Haltestelle Kellinghusenstraße, Juni 1912

Das Herz der Metropole: Die St.-Pauli-Landungsbrücken

„Wir, die wir als alte Wasserratten den Hafen *schon Hunderte von Malen sahen – sind dennoch fortgerissen von dem Bilde, das so plötzlich in unseren Gesichtskreis gelangt. Der Zug hält: Station Landungsbrücken.*"
[*Hamburgischer Correspondent*, 15.02.1912]

Das Hafentor:
Hauptknotenpunkt der Hansestadt

Schon vor dem Bau von Landungsbrücken und HOCHBAHN-Haltestelle war das Hafentor ein Knotenpunkt des öffentlichen Nahverkehrs gewesen. Bereits in der zweiten Hälfte des 19. Jahrhunderts fuhren hier eine Omnibuslinie und mehrere Straßenbahnlinien vorbei. Eduard Taverniers Omnibusse hielten auf dem Weg von Altona zum Fischmarkt (ab 1873) am Hafentor, ebenso mehrere Linien der Straßen-Eisenbahn-Gesellschaft (SEG) sowie der Hamburg-Altonaer Straßenbahn-Gesellschaft: die Ringbahn seit 1881 um die innere Stadt, die Linie von Altona bis zum Hansaplatz und zur Lindenstraße und schließlich seit 1894 jene von Barmbek zu den Landungsbrücken.

Die Hafenfähren waren seit 1859 ein hoch frequentiertes Verkehrsmittel im Hafen und auf der Elbe – für Arbeiter auf den Werften, für Ausflügler und jene, die jenseits der Elbe in Finkenwerder oder im Alten Land wohnten. Neben diesen lokalen Verkehrsflüssen gab es noch die regionalen nach Stade, Cuxhaven und Helgoland.

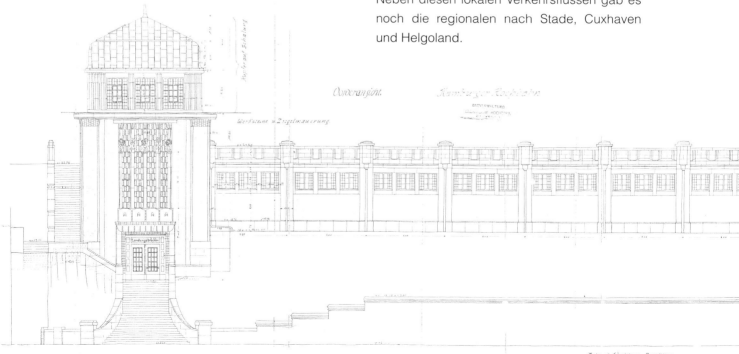

Die Haltestelle Landungsbrücken, 1912

Der Koloss von Hamburg

Vor Baubeginn im Jahr 1908 hatte es diverse Entwürfe für die Haltestelle der Hoch- und Untergrundbahn an den neu entstandenen Landungsbrücken gegeben, bevor man sich für die Anlage unterhalb der Seewarte am Stintfanghügel entschied. Die Tunnelführung vom Millerntor zum Fuß des Stintfangs in gerade Linie über die Helgoländer Allee auf einer 65 Meter langen Eisenbrücke hin zur Station über dem beliebten Ausflugslokal, dem St.-Pauli-Fährhaus, war von allen Plänen der praktikabelste. Und dennoch war gerade die Streckenführung am Hafen von der Sternschanze über St. Pauli zum Hafentor (Landungsbrücken) eine der größeren Herausforderungen des HOCHBAHN-Baus.

Unterhalb des Stintfangs waren genaueste geologische Vorarbeiten und ein gestützter Dammverlauf notwendig. *„Der Bau selbst war insofern schwierig, als bei Errichtung der bergseitigen Stützmauer Rutschungen zu befürchten waren. Die Absteifung ist daher recht kräftig ausgefallen."*
[Günther: Die Hamburger Hochbahn, 1912]

Begonnen wurde zunächst mit einer Lorenbahn für den Abtransport von Erdmassen aus den nördlich gelegenen Tunnelstrecken, die hier auf Schuten umgeladen wurden. 1910 waren die Streckenarbeiten weitgehend abgeschlossen.

Emil Schaudt, der zeitgleich das Bismarck-denkmal schuf, entwarf für das Hafentor ein Haltestellengebäude, das einem uneinnehm-baren Turm glich. Mächtig ragte der Koloss über die Menschen empor und es schien fast, als wollte er sie in seinem Schlund ver-schwinden lassen. Für Wilhelm Stein war seine Bedeutung profaner. Er schrieb 1912: *„Der große Turm über dem Haupteingang mit Freitreppe zum Stationsgebäude sollte dem Fremden, der auf den gegenüberliegenden St. Pauli Landungsbrücken die Stadt betritt, den Weg zur Hochbahn zeigen."* In der Tat – für viele Fremde, die in die Stadt strömten, war später der Stationsturm Hafentor das Erste,

was sie von Hamburg sahen. An den Landungsbrücken legten nämlich neben den Unterelbe- und Seebäderschiffen auch die Seeschiffe an.

Vom Hafentor zum „Tor zur Welt"

Als die Bahnsteighalle der neuen Haltestelle am Stintfanghügel schließlich fertiggestellt war, bildete sie, die galerieartig in den Hang hineingebaut war, mit dem Eingangsgebäude keine Einheit, sondern beide Gebäudeteile waren separat nebeneinander gestellt. Ursprünglich war die Bahnsteighalle mit großen Oberlichtern versehen, die heute verbaut sind. Erst 1923

Bahnsteighalle Landungsbrücken, Juni 1912

*Lorenbahn beim Schuttabladen
an den Landungsbrücken, 1909*

wurde ein zweiter Ausgang an der Hafentor-
seite eröffnet. Oberhalb liegt das Gebäude
der Seewarte mit seinen vier turmartigen
Belvederes und die Jugendherberge „Auf
dem Stintfang", links unterhalb der Pegelturm
der Landungsbrücken.

Die Benennung der Haltestelle Landungsbrücken statt Hafentor noch vor ihrer Eröffnung
am 29. Juni 1912 ging schließlich auf das
Insistieren der Hamburg-Amerika-Linie zurück
und verdeutlichte nochmals, was die Beson-
derheit ausmachte: Hier am Hafen trafen und
treffen sich noch heute lokale, regionale,
nationale und internationale Verkehrsströme.
Hier landen alle – quasi parallel zueinander –
und hier wird das Hafentor das Tor zur Welt.

*Bau der Haltestelle
Landungsbrücken, 1910*

*Rödingsmarkt mit Blick in
Richtung Rathaus, Juni 1912*

Gelebt: Die Hamburger und ihre HOCHBAHN

In diesem Kapitel beschäftigen wir uns mit den Menschen, die die Grundsteine für die Erfolgsgeschichte der Hamburger Hochbahn gelegt haben: mit den Arbeitern, die ihre ganze Körperkraft einbrachten und nicht selten ihre Gesundheit aufs Spiel setzten, um die Hoch- und Untergrundbahn zu erschaffen; mit den Fahrgästen, die nach langem Warten und großer Vorfreude das neue Verkehrsmittel von Anfang an begeistert annahmen; und den Mitarbeitern, die auf der Strecke, an den Haltestellen und hinter den Kulissen für einen reibungslosen Verkehrsbetrieb sorgten.

Die Arbeiter: Wegbereiter für eine moderne Stadt

Tausende von Menschen waren am Bau der Hoch- und Untergrundbahn in Hamburg beteiligt. Neben Ingenieuren und Technikern, den verantwortlichen Bauleitern wie Polieren und Schachtmeistern, Maurer-, Tischler-, Pflasterer- und Zimmerergesellen stellten vor allem viele Tagelöhner ihre Arbeitskraft in den Dienst der öffentlichen Personenbeförderung. Sie waren es, die die Erdmassen bewegten: Mit Schaufeln, Hacken und Schubkarren ausgerüstet und manchmal von kleineren Dampfbaggern unterstützt, konnten 150 Erdarbeiter rund 400 Kubikmeter Erdaushub am Tag bewegen. Um die eingesetzten großen Dampf- und kleineren Handrammen zu bedienen, brauchte es jeweils mehrere kräftige Männer – eine echte Knochenarbeit.

Über der Erde gingen Maurer daran, die Bahnhofsgebäude zu errichten, Tischler bauten Fenster und Türen ein, Fliesenleger kachelten die Innenwände und fliesten die Böden, Elektriker verlegten Leitungen und Installateure statteten die Bauten mit sanitären Einrichtungen aus.

Arbeiter in der Tunnelstrecke vom Moorkamp bis zur Christuskirche, 1910

Die eisernen Viadukte und Brücken der Hoch- und Untergrundbahn wurden von Fachleuten bereits im Werk vorgefertigt und in Einzelteilen zur Baustelle nach Hamburg gebracht. Zimmerleute errichteten dann ein hölzernes Gerüst und Monteure setzten die Bauteile zusammen, während Nieter diese fest miteinander verbanden.

War der Tunnel gegraben, der Damm fertiggestellt und das Viadukt aufgebaut, kam die Zeit für die Gleisarbeiter. Diese schütteten zuerst ein Bett aus Schotter auf und wuchteten die Schwellen darauf. Nun konnten die stählernen Bahnschienen und die elektrischen Leitungen und Stromschienen verlegt werden.

Bescheidener Lohn für körperliche Schwerstarbeit

Reichtümer waren mit dieser Arbeit nicht zu verdienen. Ein einfacher, ungelernter Arbeiter bekam 1908 im Schnitt 45 Pfennig pro Stunde und damit durchschnittlich rund 4,50 Mark am Tag. Ein ausgebildeter Maurer hingegen erhielt zu Beginn des 20. Jahrhunderts bereits 6,60 Mark am Tag.

Für diesen Lohn verdingten sich die Gelegenheitsarbeiter an sechs Tagen in der Woche, im Sommer von sechs Uhr morgens bis sieben Uhr abends mit zwei halbstündigen und einer einstündigen Pause – also elf Stunden täglich.

Die Arbeitszeiten konnten jedoch je nach Wetter und Tageslicht stark variieren: Gab es im Winter starken Frost, mussten die meisten Arbeiten eingestellt werden. Fiel im Sommer der Regen zu stark, war an Neuschüttungen nicht zu denken, bevor das Wasser abgepumpt war. Schlechtwetter- und Ausfallvergütungen gab es nicht, doch wurden Überstunden mit einem Zuschlag von 10 bis 15 Prozent vergütet.

Für die meist in den neuen Wohngebieten am Stadtrand lebenden Arbeiter waren die langen Wege zur Arbeit und zurück ein zusätzlicher Zeitfaktor, der zu den nicht selten 13 Stunden, die sie einschließlich der Pausen auf der Baustelle verbrachten, hinzukam. Freizeit und Familienleben gab es deshalb nur an Sonn- und Feiertagen.

Organisierte Arbeiter pochen auf ihre Rechte

Doch so prekär die Lage der einfachen Bauarbeiter beim Bau der Hoch- und Untergrundbahn in Hamburg auch war – die Zeiten waren gut, die Baubranche verzeichnete kräftige Zuwächse und die Arbeiter waren zum größten Teil organisiert. Sie wussten diese Lage zu nutzen: In den sechs Jahren Bauzeit legten Streiks für höhere Löhne und bessere Arbeitsbedingungen an 280 Tagen die Arbeit lahm, es kam zu erheblichen Verzögerungen.

Daran lässt sich ablesen, wie sehr solche Großbaustellen schon zu Beginn des 20. Jahrhunderts von reichsweiten Aktionen der Ge-

Viaduktbau am Johannisbollwerk, 1910

Arbeiten am Viadukt Klosterallee, September 1909

werkschaften betroffen sein konnten: Als 1911 die Arbeiter bei Steffens & Nölle in Berlin in den Ausstand traten, standen auch die Arbeiten am Viadukt in Barmbek still – das Berliner Unternehmen war der Lieferant für Teile der Eisenkonstruktion und konnte nun die Fristen nicht mehr einhalten.

Neben den kühnen Planern der aufsehenerregenden Ringstrecke waren diese Männer die wahren Helden des HOCHBAHN-Baus: die zahlreichen Arbeiter, die körperliche Schwerstarbeit verrichteten, die Massen von Erde, Beton, Holz und Stahl bewegten und die dabei ihre Gesundheit aufs Spiel setzten.

Die Nieter – Hand in Hand entstehen Viadukte

1909 nahm die Lautstärke im beschaulichen Eppendorf merklich zu. Allgegenwärtig dröhnten jetzt schwere Hämmer, war lautstarkes Stimmengewirr von Hunderten von Arbeitern zu hören, wurden Befehle gebellt, und ein unablässiger Strom von Baumaterial bewegte sich durch die sonst so ruhigen Straßen. Die HOCHBAHN kam.

In der Isestraße konnten die großbürgerlichen Herren mit ihren Zylindern und ihre Damen mit den großen Hüten beim Spaziergang ein Schauspiel bestaunen, das es in dieser Form sonst nur auf den Werften zu sehen gab: Mehrere in regelmäßigen Abständen stehende Kolonnen von jeweils vier bis sechs Nietern errichteten ein gewaltiges Viadukt entlang der gerade im Entstehen befindlichen Häuserzeile. Es waren Außennieter, die Elite ihres Berufsstands.

Nieterkolonne auf dem Viadukt an den Landungsbrücken, 1910

Ganz unten auf der Erde standen die *Nietenwärmer*, jugendliche Anlernlinge, und brachten mit Blasebälgen die Feldschmieden auf die richtige Temperatur, um darin die Nieten zu erhitzen und zum Glühen zu bringen. Fingerspitzengefühl war gefordert: Der Schaft der Niete musste noch weiß sein, der Kopf hingegen rot glühen. Dann packten sie im richtigen Moment die Niete mit einer Zange und schleuderten sie mit einer ausholenden Armbewegung und hoher Zielgenauigkeit mehrere Meter durch die Luft. Oben auf dem Gerüst stand der *Zulanger* mit seinem Eimer und fing die Niete auf; sein Kollege, der *Einstecker*, holte sie aus

*Nieter beim Bau
des Viaduktes am
Rödingsmarkt, 1911*

dem Eimer und führte sie in das vorgesehene Nietloch ein. Jetzt musste alles
ganz schnell gehen: Der *Vorhalter* machte mit einem speziellen Werkzeug, dem
Dobber, von innen Druck auf den Nietkopf, während von der anderen Seite die
Nieter ihre schweren Hämmer im Takt absolut gleichmäßig und mit ohren-
betäubendem Lärm auf die Niete niedersausen ließen. Nieten war Akkordarbeit.

Die Nieter oder Zuschläger hatten den höchsten Rang in der Kolonne. Sie
besaßen ihre eigenen Hämmer, in unterschiedlichen Größen und Ausformungen
passend für alle Nietaufgaben, die sie wie einen Schatz hüteten und niemals aus
der Hand gaben.

Und die Arbeit war gefährlich: Immer wieder kam es zu Unfällen – glühende
Nieten verfehlten den Zulanger, die Gerüste waren kaum gesichert. Schutz-
kleidung, Helme oder Sicherheitsschuhe sollten erst über 50 Jahre später
erfunden werden.

Ehrengäste bei der Eröffnungsfahrt der Hamburger Hochbahn, 1912

Die Fahrgäste: Begeisterung für ein neues Lebensgefühl

Die Hoch- und Untergrundbahn, das war Modernität, Fortschritt und Schnelligkeit. Ihre Viadukte, Brücken und Tunnel boten den Fahrgästen völlig neue Eindrücke von der Stadt. So hatte man Hamburg noch nie gesehen; Fortbewegung erhielt einen völlig neuen Stellenwert. Schon während des Baus konnte man begeisterte Kommentare in den Zeitungen lesen, wie etwa im *Hamburger Echo* vom 3. Juli

1908: *„Ein gewaltiges Werk menschlichen Geistes und menschlichen Fleißes ist in unserer Vaterstadt im Entstehen begriffen und wird in einigen Jahren eine gänzliche Umwälzung in der Personenbeförderung hervorrufen."*

Probefahrten:
Vorgeschmack auf künftige Mobilität

Die Inbetriebnahme im Februar 1912 war ein lang erwartetes Ereignis und die erste Fahrt mit der HOCHBAHN entlockte den Fahrgästen begeisterte Kommentare. Am 15. Februar wurde die erste Teilstrecke des Rings zur Probe in Betrieb genommen. 600 Menschen waren zur ersten Fahrt vom Rathausmarkt nach Barmbek geladen: Senat, Bürgerschaft, Vertreter der Presse und andere Gäste. Sie besichtigten das Kraftwerk, die Werkstätten und Wagenhallen und durften sich in einer der Wagenhallen mit einem kräftigen Frühstück stärken. Die *Hamburger Nachrichten* protokollierten die Begeisterung in ihrer Ausgabe vom 25. Februar 1912: *„Es war eine glückhafte Fahrt, voller neuer, schöner Eindrücke. Und als ich dem gelben Wagen entstieg und den Bahnhof hinabschritt, klang es in meinem Ohr nicht wie Posthornblasen, sondern lauter und dröhnender: Das Lied von der Kraft des Menschengeistes, der wieder eine neue Brücke geschlagen zwischen Raum und Zeit. Und ein Wunsch stieg in mir auf: Glückauf zum 1. März!"*

Fahrschein für eine Probefahrt, 27. Februar 1912

Am 18. Februar formulierte ein Journalist des *Hamburger Fremdenblatts* die Bedeutung des neuen Verkehrsmittels so: *„Wenn man bedenkt, daß seit der Eröffnung der ersten Pferdebahn noch nicht ein halbes Jahrhundert vergangen ist, und dagegen hält, wie langsam sich durch die Jahrhunderte hindurch sonst der Verkehr in den Städten entwickelt hat, so muß man anerkennen, daß dieser Fortschritt von der Pferde-*

Der T1 auf der Strecke, 1911

Fahrscheine, 1912

bahn über die Dampfstraßenbahn und die elektrische Bahn bis zur Hoch- und Untergrundbahn ein ungeheurer, noch nie dagewesener ist. Umwandlungen des Verkehrs pflegen mit der Entwicklung der Städte selbst Schritt zu halten und so kann man wohl mit Recht behaupten, daß sich in diesen Umgestaltungen der gewaltige Fortschritt widerspiegelt, den Hamburg in den letzten fünfzig Jahren durchgemacht hat. Es ist eigentlich eine Umgestaltung von einer deutschen Mittelstadt zur Großstadt und endlich zur Weltstadt [...]."*

Bevor die Strecke am 1. März 1912 schließlich für die Öffentlichkeit freigegeben wurde, hatten Bürgervereine, Gewerbebünde, Schulklassen und Mitglieder von Grundeigentümervereinen zwei Wochen lang die Möglichkeit, an einer Probefahrt mit der HOCHBAHN teilzunehmen. Und das taten sie begeistert.

Am 19. Februar berichteten die *Hamburger Nachrichten*, dass sich bereits über 50 000 Personen angemeldet hätten.

Betriebsaufnahme: Kinderkrankheiten eines Nahverkehrsmittels

Als die HOCHBAHN schließlich ihren regulären Verkehrsbetrieb aufnahm, stellten sich – nicht unerwartet – die unvermeidlichen Anlaufschwierigkeiten ein, auf die das Unternehmen aber rasch reagierte.

So hatte beispielsweise bereits vor der offiziellen Inbetriebnahme ein Leser im *Hamburger Echo* am 29. Februar 1912 darauf hingewiesen, dass der vorgesehene Betriebsbeginn in Barmbek um 5.36 Uhr die Arbeiter vor Schwierigkeiten stelle – schließlich sei es so kaum möglich, rechtzeitig um 6 Uhr bei der Arbeit zu sein. Prompt änderte die HOCHBAHN ihren Fahrplan und schickte ab dem 8. März die erste Bahn bereits um 5.16 Uhr auf die Strecke. Betriebsschluss war in Barmbek um 0.40 Uhr.

Die Tarife: Viel diskutiert, nicht immer erschwinglich

Für Arbeiter gab es spezielle verbilligte „Arbeiterfrühfahrkarten", die für die Hinfahrt bis 7 Uhr morgens und zur beliebigen Rückfahrt gültig waren. Die Tarife wurden schon weit vor Beginn des geregelten Betriebs auch in der Öffentlichkeit stark diskutiert, denn bereits 1910 waren vorläufige Fahrpreise für die Nutzung der HOCHBAHN – gestaffelt für die zweite und dritte Wagenklasse – veröffentlicht worden.

Auch Kinder zahlten den vollen Preis; ausgenommen waren nur die Kleinsten unter einem Jahr. Die Einzeltarife der Hoch- und Untergrundbahn glichen denen der Vorortsbahn von Blankenese nach Ohlsdorf, die aus der ehemaligen Verbindungsbahn hervorgegangen war – lediglich für Vielfahrer war die Vorortsbahn preiswerter.

Eine Jahreskarte der HOCHBAHN für die dritte Klasse schlug mit 150 Mark zu Buche, während man für zwölf Monatskarten der gleichen Klasse bei der Vorortsbahn nur 90 Mark zu zahlen hatte.

Für sich genommen und aus heutiger Sicht betrachtet, mögen diese Fahrpreise nicht hoch erscheinen. Vergleicht man sie jedoch mit den Lebenshaltungskosten zu jener Zeit, wird deutlich, dass nicht jeder sich das neue Verkehrsmittel leisten konnte: Zu Beginn des 20. Jahrhunderts verdiente ein Arbeiter rund 27 Mark, ein höher qualifizierter Maurer rund 40 Mark pro Woche. Um nicht in die Armut abzurutschen, musste ein Arbeiter rund 1200 Mark im Jahr verdienen; bei 52 Wochen Arbeit also 23 Mark pro Woche.

Fahrscheine	Klasse	Fahrpreis (Mark)
Einzelfahrten bis zu 5 Haltestellen	2	0,15
	3	0,10
Einzelfahrten bis zu 10 Haltestellen	2	0,20
	3	0,15
Einzelfahrten über 10 Haltestellen	2	0,30
	3	0,20
Dauerkarten für ein Kalenderjahr, bis zu 8 Haltestellen	2	110,00
	3	80,00
Für jede anschließende weitere Haltestelle	2	7,00
	3	5,00
Dauerkarten für ein Kalenderjahr auf der gesamten Linie	2	200,00
	3	150,00
Vierteljahreskarten bis zur 8. Haltestelle		
1. Vierteljahr	2	38,00
	3	28,00
2. Vierteljahr	2	32,00
	3	23,00
3. Vierteljahr	2	27,00
	3	19,00
4. Vierteljahr	2	23,00
	3	15,00
Jede weitere Haltestelle		
1. Vierteljahr	3	2,00
2. Vierteljahr	3	1,50
3. und 4. Vierteljahr	3	1,00
Wochenkarten für den Frühverkehr an Werktagen	3	0,55
Wochenkarten für den Frühverkehr an Werktagen mit Rückfahrt	3	1,10

Barmbek – vom beschaulichen Dorf zum modernen Stadtteil

1773 noch ein beschauliches Dorf am nordöstlichen Rand des Hamburger Staatsgebietes, hatte sich Barmbek (bis 1947 Barmbeck geschrieben) innerhalb von nur hundert Jahren zu einer Kleinstadt gemausert: Die Bevölkerungszahl war von 443 auf 9468 gestiegen – ein Zuwachs um mehr als 2000 Prozent. Ein Ende dieser Entwicklung war nicht abzusehen. Um die Wende zum 20. Jahrhundert lebten in Barmbek bereits über 50 000 Menschen.

Letzte Pferdebahn um 1922

Ab 1842 verband ein Pferdeomnibus Barmbek viermal täglich mit der Innenstadt. 1867 wurden Schienen für die Pferdebahn gelegt, und 20 Jahre später wurde die Strecke bereits zweigleisig betrieben. 1895 kündeten die Masten des Siemens'schen Oberleitungs-systems von einer neuen Zeit: vom Barmbeker Zoll bis zum neuen Rathausmarkt ging es mit der Straßenbahn in die Stadt. Der Bau der HOCHBAHN schließlich war ein weiterer Schub in der Entwicklung Barmbeks.

Die Fertigstellung der schnellen und leistungsfähigen Verbindung von Barmbek zum Hafentor (Landungsbrücken) genoss beim Bau der Hamburger Hoch- und Untergrundbahn höchste Priorität. Schließlich kamen aus Barmbek die meisten Fahrgäste: *„Hier im südwestlichen Barmbeck, […] hat die Arbeiterbevölkerung, die Zahl der unteren und mittleren Beamten, und der Gewerbetreibenden, außerordentlich stark zugenommen. Dies sind die Bevölkerungsschichten, die vor allen anderen auf eine schnelle und billige Eisen-bahnbeförderung mit Recht Anspruch erheben können."*

Zusätzlich musste sich die HOCHBAHN hier auch gegen den Wettbewerb behaupten: Auf der Barmbeker Strecke konkurrierte sie mit der Straßenbahn und der preußisch-hessischen Staatsbahn von Blankenese bis Ohlsdorf, deren Fahrpreise um gut 50 Prozent günstiger waren.

Barmbeker Bahnhof um 1912

Der Wettbewerb im Nahverkehr zahlte sich für die Barmbeker schnell aus. Vom 1. April 1912 an konnten sie an den vier Barmbeker Haltestellen Barmbek, Dehnhaide, Wagnerstraße (heute Hamburger Straße) und Mundsburg einsteigen und über die Innenstadt bis zu den St.-Pauli-Landungsbrücken fahren. Sie nahmen diese Möglichkeit so begeistert an, dass die Kapazitäten der HOCHBAHN schon bald an ihre Grenzen stießen: Bereits an der Haltestelle Barmbek waren die Züge so überfüllt, dass bis Landungsbrücken kaum noch jemand einsteigen konnte.

Umgekehrt trug die Anbindung Barmbeks an die HOCHBAHN auch zum weiteren Ausbau des Stadtteils bei: Allein zwischen 1910 und 1915 fanden hier 36 000 Menschen ein neues Zuhause. Und wer nicht in der New-York Hamburger Gummi-Waaren Compagnie, der Fischfabrik oder in der Margarinefabrik Voss Arbeit fand, war auf die Beförderungsmöglichkeit in den Hafen angewiesen.

Das Gaswerk, der Betriebsbahnhof der HOCHBAHN, der Güterbahnhof, das neue Allgemeine Krankenhaus Barmbek, die Hamburgische Schiffbauversuchsanstalt, die Müllverbrennungsanlage und nicht zuletzt das Elektrizitätswerk in der Hellbrookstraße zeugten vom Aufbruch Barmbeks in die Moderne. Breite Straßen mit bürgerlichen Häusern wechselten sich mit Mietskasernen und Genossenschaftsbauten ab, neue Schulbauten dokumentierten den Zuwachs an kinderreichen Familien, das Kaufhaus Heilbuth (1903) an der Ecke Rönnhaidstraße (heute Adolph-Schönfelder-Straße) und Hamburger Straße sowie die Warmbadeanstalt in der Bartholomäusstraße (eröffnet 1908) gaben großstädtisches Flair. Dennoch blieb Barmbek vornehmlich ein Arbeiterstadtteil mit eigener Identität und eigenem Dialekt, dem Barmbeker Platt.

Rathausmarkt um 1912

Die Hamburger genießen ihre Stadt in vollen Zügen

Wie gut die Hamburger ihr neues Verkehrsmittel annehmen würden, hatte die HOCHBAHN offenbar unterschätzt. Während des Berufs- und Feiertagsverkehrs waren die Wagen überfüllt, Plätze kaum noch zu ergattern. Die Beschwerden darüber häuften sich. Neben den Berufspendlern nutzten auch sehr viele Wochenendausflügler die HOCHBAHN für Touren zum Hafen, ins Umland oder später, ab 1914, für Ausflüge in den Stadtpark. Auch für die Fahrt zum Weihnachtseinkauf und zum Dom nahmen die Hamburger ihre Bahn rege in Anspruch. Schon im Dezember 1912 meldete das *Hamburger Fremdenblatt* ein Passagieraufkommen von durchschnittlich 100 000 Personen am Tag, sonntags sogar bis zu 150 000. Die HOCHBAHN reagierte, so gut es ihr eben möglich war: Sie erhöhte die Taktung der Wagen und verlängerte die Züge um weitere Waggons. An der zweiten Klasse hielt sie aber noch bis 1920 fest.

Verkörperung einer neuen Freiheit

1912 konnte man mit der HOCHBAHN die Strecke Barmbek–Landungsbrücken in 21 Minuten zurücklegen. Heute, fast 100 Jahre später, ist die Bahn mit 18 Minuten nur unwesentlich schneller. Für die Berufspendler bedeutete diese Verbindung ein Plus an freier Zeit: Sie konnten morgens später aufstehen und hatten abends mehr Zeit, den Feierabend zu genießen.

Die neue, schnelle Art der Fortbewegung dokumentierte auch das neue urbane Lebensgefühl. Sie veränderte die Wahrnehmung und das Verhalten der Menschen, die sie nutzten. Die wachsende industrielle Gesellschaft verlangte von ihnen Schnelligkeit und Pünktlichkeit; Anforderungen, die die HOCHBAHN zuverlässig erfüllte. So leistete sie letztendlich auch einen Beitrag zur Steigerung der Produktivität in Hamburg.

Menschen rücken zusammen

Hinzu kam noch ein anderer Aspekt: Auch wenn es noch bis 1920 eine zweite und sogar eine dritte Klasse gab, brachte die HOCHBAHN täglich Fahrgäste in eine vorher kaum gekannte Nähe zueinander. In den großzügigen und gegenüber der Straßenbahn deutlich komfortableren Fahrgast-Innenräumen kamen sie alle zusammen: Hafenarbeiter, Beamte, Kaufmannsfrauen, Pensionäre und Mütter mit Kindern nutzten dieselben Bahnsteige und fuhren – wenn auch anfangs noch in getrennten Klassen – gemeinsam in einem Wagen.

Szene mit Fahrgästen aus dem Film „Hamburg hat's eilig" um 1928

*Signalanlage an der Haltestelle
Kellinghusenstraße, 1912*

Die Mitarbeiter: Unverzicht-
bar für Hamburgs Mobilität

Als am 1. Februar 1913 die Angestellten der
Hamburger Hochbahn AG in den Ausstand
traten, war Improvisationstalent gefordert. Um
höhere Löhne durchzusetzen, ließen die Mitarbeiter die Räder stillstehen: Blockwärter,
Weichensteller, Fahrer, Zugbegleiter, Bahnsteigwärter, Fahrkartenschaffner – sie alle
blieben zu Hause. Außer an den Haltestellen
Millerntor (St. Pauli), Barmbek, Berliner Tor,
Hauptbahnhof und Rathausmarkt ließen sich
nicht einmal die Stationsaufseher blicken. Die
Folgen waren gravierend: Mühevoll wurde ver-
sucht, den Betrieb mit Aufsichtsbeamten auf-
rechtzuerhalten, die als Beamte nicht in den
Ausstand treten durften und nun zugleich Zug-
führer und Zugbegleiter sein mussten.

Die Macht der Mitarbeiter:
Beispiel Blockwärter

Wie wichtig jeder einzelne Mitarbeiter war, lässt
sich eindrucksvoll an einem Beispiel zeigen:
Schon ein Streik der Blockwärter an den Signalen allein wirkte sich erheblich auf den
Betriebsablauf aus. Das System war nur halb-
automatisch, die Signale funktionierten also noch
nicht ganz von allein, sondern brauchten immer
noch einen Mitarbeiter an den Signalhebeln.
Ohne Signale mussten die Fahrer auf Sicht
fahren, und das bedeutete vor allem in der
Nähe der Haltestellen Schrittgeschwindigkeit
und erhebliche Verzögerungen. Die Weichensteller mussten ständig auf der Hut sein, ob ein

Zugabfertigung durch weibliches Personal an
der Haltestelle Ohlsdorf, 1917

Zug nahte. Die Signale, die sonst schon lange
vor dem Sichtkontakt anzeigten, dass eine Weiche
gestellt werden musste, regten sich nicht. Vorn
im Zug, neben der Fahrerkabine, standen im
normalen Betrieb die Zugbegleiter und achteten darauf, dass der Fahrer die Signale auch
richtig deutete. Nun, ohne Signale, mussten sie
doppelt aufmerksam sein, der Weg über die
Strecke wurde zu einer Fahrt ins Ungewisse.

Unter normalen Umständen wären die Triebwagen zur Hauptverkehrszeit alle fünf Minuten
in die Haltestellen eingefahren. Musste die Bahn
ohne Signalunterstützung fahren, kam besten-
falls alle 20 Minuten ein Zug – natürlich ohne
dass sich die Masse der Fahrgäste nennens-
wert verringert hätte. Auf den Bahnsteigen
drängten sich die Menschen, mit viel Mühe

Mitarbeiterin im Stellwerk Ohlsdorf, 1915

HOCHBAHN-Wagen mit
Zugfahrerin und Zugbegleiterin, 1917

hielten die dort tätigen Bahnsteigwärter die Ordnung und vor allem die Sicherheit aufrecht. Über einfahrende Züge wurden sie von den verantwortlichen Haltestellenaufsehern informiert, die über Fernsprecher mit den Zugfahrern verbunden waren. Und in der Zentrale, in der diese Verbindungen geschaltet wurden, mussten die bei der HOCHBAHN angestellten Fernsprechgehilfinnen im Akkord arbeiten.

Ohne Gefahr für Leib und Leben der Fahrgäste konnten die Bahnsteige nicht beliebig viele Menschen aufnehmen, sodass die Haltestellenaufseher rechtzeitig die Absperrgitter schließen mussten. Die Menge der Menschen, die davor stehen blieben, staute sich bis in die Vorhallen der Bahnhöfe zurück. Die Fahrkartenverkäuferinnen in ihren Häuschen hatten ihre Not damit, zum einen weiter Karten auszugeben und zum

Verwaltungspersonal, 1912

Fahrkartenverkäuferin, 1916

HOCHBAHN-Schreinerei, 1912

anderen die Verärgerung der Wartenden über sich ergehen zu lassen, ohne ihnen helfen zu können. Das war Aufgabe der Betriebsführer und der Betriebsaufseher in der Zentrale, die fieberhaft daran arbeiteten, dass sich das Räderwerk der Hoch- und Untergrundbahn auch im Notbetrieb weiter drehte, so gut es ging.

An der Unternehmensspitze stand schließlich der Vorstand, Wilhelm Stein, mit seinen Mitarbeitern und verhandelte mit den Streikenden über deren Forderungen. Mit der Flut von Schriftverkehr, die dabei anfiel, traf der Streik der Signalwärter dann auch die Bürogehilfinnen in der Zentrale in Barmbek.

Militärdienst als Einstellungskriterium: Segen und Fluch zugleich

Ganz zeitgemäß war die Hamburger Hochbahn AG streng hierarchisch geordnet und an militärischen Gepflogenheiten ausgerichtet.

Das zeigte sich nicht nur in den Lohngruppen – es gab für die meisten Berufe zwei Besoldungsklassen –, sondern schon bei der Personalauswahl ab 1911: Wer keinen Militärdienst abgeleistet hatte, brauchte sich gar nicht erst Hoffnungen auf eine Anstellung bei der HOCHBAHN zu machen. Für Anwärter auf einen Posten im Aufsichtsdienst war ein Unteroffiziersrang Pflicht.

Montagearbeiten in der HOCHBAHN-Werkstatt, 1912

Dahinter stand aber nicht nur das wilhelmi- nische Faible für alles Militärische. Vielmehr gab es ganz praktische Gründe, die sich vor allem auf die Arbeit der Bediensteten auf der Strecke und auf den Haltestellen bezogen: Sie fun- gierten zugleich als Bahn-Polizei, die bei der Hamburger Polizei ausgebildet wurde und zum Tragen einer Dienstpistole verpflichtet war.

Nach Ausbruch des Ersten Weltkrieges jedoch wurde genau diese Personalpolitik der Ham- burger Hochbahn AG beinahe zum Verhängnis,

als ein Großteil der vor allem aus Mecklenburg stammenden Mitarbeiter eingezogen wurde. 1916 waren rund 98 Prozent des Betriebs- personals an die Fronten abkommandiert.

Jetzt sorgten Frauen für den Betrieb der Hoch- und Untergrundbahn. Vorher allenfalls in der Telefonzentrale, als Schreibkraft oder bei der Fahrkartenausgabe beschäftigt, standen sie nun an den Schaltstellen der Signalblöcke, kuppelten die Triebwagen oder stemmten Gleise auf der Strecke.

Lange Schichten, große Verantwortung

Vor dem Krieg wäre es undenkbar gewesen, solche zum Teil schweren körperlichen Arbeiten von Frauen ausführen zu lassen. Allerdings konnte von besonderer Rücksichtnahme schon 1912 nicht die Rede sein. So arbeiteten Fahrkartenverkäuferinnen im Schichtdienst, acht Tage lang mit jeweils zehneinhalb Stunden. Jeden Tag drohte ein Fehlbetrag in der Kasse, den sie aus eigener Tasche zu begleichen hatten. Von den 75 Mark Lohn pro Monat wurden Kranken- und Invalidengeld abgezogen. Zur selben Zeit verdiente ein ungelernter Arbeiter auf dem Bau rund 100 Mark im Monat – wenn auch nicht so regelmäßig wie die Fahrkartenverkäuferinnen der HOCHBAHN. Deren Arbeitszeiten zählten zu den längsten aller HOCHBAHN-Angestellten, die vorwiegend sitzende Tätigkeit galt dafür als vergleichsweise leicht.

Ähnliches mutete man den Bahnsteig- und den Blockwärtern an den Signalen zu. Auch sie hatten im Schnitt Schichten von über zehn Stunden Dauer zu bewältigen. Wo die Arbeit körperlich anstrengender oder stärkere Konzentration notwendig war, waren die Schichten kürzer – ein Zugfahrer und sein Begleiter mussten durchschnittlich neun Stunden, Weichensteller achteinhalb Stunden Dienst tun. Ungeachtet dieser Unterschiede waren im Räderwerk der HOCHBAHN alle Mitarbeiter wichtig; jeder hatte seinen Anteil daran, dass der Betrieb funktionierte. Alle Betriebsteile waren miteinander verflochten, alle Mitarbeiter aufeinander angewiesen. Geriet ein Teil aus dem Tritt, stockte die ganze Maschinerie.

Weibliches Personal bei Gleisbauarbeiten um 1916

Arbeitslohn und Fahrpreise

Die Hamburger Hochbahn AG zahlte ihren Arbeitern und Angestellten orts-üblichen Löhne und Gehälter. So verdiente nach der Gehaltsordnung von 1912 ein ungelernter Arbeiter einen Einheits-Stundenlohn von 45 Pfennig, ein Hand-werker – eingruppiert als gelernter Arbeiter – bekam 50 Pfennig. Fahrzeug-führer, die als angelernte Arbeiter galten, begannen ihr Berufsleben mit 125 Mark Monatsgehalt, das sich im Laufe der Zeit bis auf 155 Mark steigern konnte.

Zusammenkoppeln der Wagen, 1916

Allen angelernten Arbeitern und Angestellten wurden vom Gehalt noch Versicherungs-beiträge abgezogen. Ein Fahrkartenschaffner beispielsweise verdiente bei der Hamburger Hochbahn AG im ersten Dienstjahr monatlich 106 Mark. Davon gingen 3,12 Mark für die Betriebskrankenkasse, 1,04 Mark für die In-validenversicherung und 85 Pfennig für den Unterstützungsverein ab. Ausgezahlt bekam er also 100,99 Mark.

Damit glich sein Gehalt dem seines Kollegen von der Straßenbahn. Dieser bekam im ersten Dienstjahr 105 Mark, von denen 2,60 Mark für die Krankenkasse, 1,04 Mark für die In-validenversicherung und 2,10 Mark für die Pensionskasse abgezogen wurden und der damit 99,26 Mark monatlich nach Hause tragen konnte.

Nach einer reichsweiten Erhebung aus dem Jahr 1907 verbrauchte ein Arbeiterhaushalt mit einem Hauptverdiener und drei bis fünf Kindern von seinen 100 Mark monatlichem Lohn wenigstens 56 Mark für Nahrungsmittel, 12 Mark für die Wohnung und 18 Mark für Kleidung. Damit blieben für alles Übrige noch maximal 14 Mark im Monat.

Stellwerksmitarbeiterin, 1917

Die Arbeiter, die nach den Umsiedlungen in Hamburg einen erheblich längeren Weg zur Arbeit zurücklegen mussten, waren eine der wichtigsten Zielgruppen der neuen Hoch- und Untergrundbahn. Für sie wurden deshalb spezielle und preiswerte Arbeiterfrühkarten eingeführt, die wie das übrige Tarifmodell am Vorbild der Straßenbahntarife ausgerichtet waren. Mit diesen Karten konnten sie nun für 20 Pfennig bis 7 Uhr morgens beliebig viele Stationen hin- und ohne Zeitbegrenzung am selben Tag wieder zurückfahren. Bei sechs Arbeitstagen in der Woche mussten sie also insgesamt 1,20 Mark pro Woche oder 4,80 Mark pro Monat für Fahrgeld ausgeben.

Die Fahrkarten der Straßenbahn kosteten gleich viel, doch die Straßenbahn brauchte für die gleichen Strecken erheblich länger, hatte viel geringere Kapazitäten, war dementsprechend regelmäßig überfüllt und musste sich dem oft zähen Straßenverkehr anpassen, Verspätungen inklusive.

Die Vorteile, die die Arbeiter durch die neue Hoch- und Untergrundbahn hatten, lagen also auf der Hand: Sie waren pünktlicher und schneller bei der Arbeit und hatten deshalb morgens und abends mehr Zeit; außerdem bekamen sie hier in der Regel einen Sitzplatz. Eine anständige Gegenleistung dafür, dass sie ein Drittel ihres nach Abzug der Hauptausgaben verbleibenden Monatslohns aufwenden mussten.

Wagenhalle auf dem Betriebshof
Hellbrookstraße, 1912

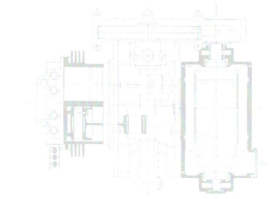

Gesteuert: Ausgefeilte Technik für modernen Komfort

Die neue Hoch- und Untergrundbahn hatte die Hamburger schon in ihren Bann gezogen, bevor sie offiziell ihren Betrieb aufnahm. Nach der Eröffnung im Februar 1912 aber kannte das Staunen kaum noch Grenzen. Noch heute ist es faszinierend zu sehen, was die Ingenieure bei der Planung alles bedacht und wie weit reichend sie die Möglichkeiten der Technik bereits zu dieser Zeit genutzt hatten – sei es bei den Fahrzeugen selbst und ihrer Ausstattung, bei der Stromerzeugung, bei der Automatisierung der Betriebslenkung oder bei der Sicherheit für die Fahrgäste.

Komfortabel unterwegs: Die Fahrzeuge

„Kaum hatte man sich flüchtig mit der für Hamburg eigenartig-reizvollen Neuheit eines Untergrundbahnhofes befreundet, so glitten auch schon mit dumpfem Summen die aus mehreren Wagen bestehenden Züge in die Halle. Schaffner in dunkelblauer mit rotem Tuch und Silberknüpfen verzierter Uniform schoben die Coupétüren auseinander, und die Fahrt konnte angetreten werden."
[Festschrift „Eröffnungsfahrt auf der Hamburger Hochbahn", 15.02.1912]

Viele Gäste der Eröffnungsfahrt am 15. Februar 1912 werden nicht gewusst haben, dass die fast 13 Meter langen und über 2,5 Meter breiten roten und gelben Wagen, die in die Haltestelle Rathausmarkt einfuhren, das Werk reichsweiter Zusammenarbeit vieler Firmen waren. Die Wagenkästen der ersten 20 Wagen kamen noch aus Hamburg selbst; sie waren von den Waggonwerkstätten der SEG am Falkenried hergestellt worden. Aber schon die nächsten 10 wurden von den Linke-Hofmann-Werken aus Breslau geliefert, weitere 10 stammten von MAN aus Nürnberg und 5 von der Norddeutschen Waggonfabrik in Bremen.

Die Maschinenteile, Herzstücke der neuen Hoch- und Untergrundbahn, kamen zum Teil aus Nürnberg von den Siemens & Schuckert-Werken, von der AEG aus Berlin, aus Köln von der Firma van der Zypen oder von der Düsseldorfer Waggonfabrik.

Leichtgewichte mit viel Kraft

Alle Wagen waren Triebwagen mit zwei Drehgestellen, zwei seitlichen Schiebetüren und kraftvollen Motoren. Um die große Steigung beim Mönkedammfleet hinauf zur Haltestelle Rödingsmarkt problemlos überwinden und eine Umrundung des Rings in 40 Minuten schaffen zu können, waren sie alle mit zwei 100 PS starken Motoren für 800 Volt Gleichstromspannung ausgerüstet. Die Wagenschaltung hatte eine Hüpfer- und Schützensteuerung, die teils von der AEG, teils von den Siemens &

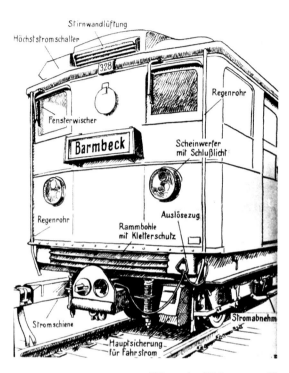

Skizze des Triebwagens T1

Schuckert-Werken hergestellt worden war; die beiden Varianten unterschieden sich allerdings nur im Detail. Die Bremsen stammten ebenfalls von Siemens & Schuckert. Sie wurden mit Druckluft betätigt, die über ein Gestänge und einen zentralen Bremszylinder auf die Bremsklötze einwirkte. Um den nötigen Druck aufzubauen, verfügte jeder Wagen über eine eigene Kompressoranlage, die den Hauptluftbehälter speiste.

*Zeichnung eines
Triebwagen-Drehgestells*

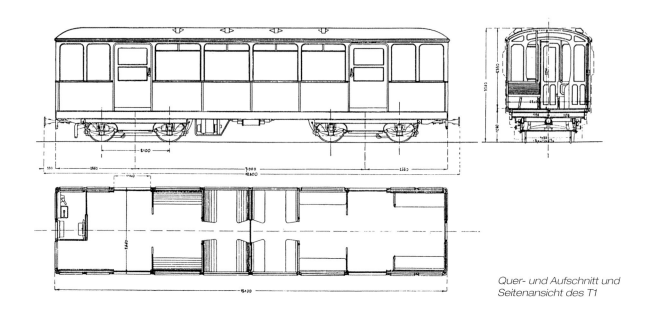

*Quer- und Aufschnitt und
Seitenansicht des T1*

Motorkompressor

Angenehm warm war es in den neuen Fahrzeugen in Hamburg auch, dafür sorgte ein elek-
trisches Heizungssystem der AEG, das die
sechs Heizkörper unter den Sitzen der Fahrgäste speiste.

Trotz aller technischen Finessen waren die
T-Modelle, wie sie ab 1958 genannt wurden,
geradezu Leichtgewichte. Gerade einmal 24
Tonnen wogen sie im leeren Zustand, das
entspricht 720 Kilogramm pro Quadratmeter
Bodenfläche. Zum Vergleich: Die Fahrzeuge der
New Yorker Subway brachten pro Quadratmeter gut 130 Kilogramm mehr auf die Waage.
Mit dieser Kombination aus starken Motoren
und leichter Bauweise hätte die HOCHBAHN
theoretisch mit 60 Stundenkilometern durch
Hamburg fahren können; erlaubt waren allerdings nur 50 Stundenkilometer.

Motorwagen der zweiten Klasse mit Kunstlederausstattung, 1912

Raumverhältnisse an und in den Wagen

Im Grunde glichen die Wagen in Hamburg denen der Berliner Hochbahn. Der Höhenunterschied zwischen dem Fußboden des Wagens und dem Bahnsteig war jedoch mit 25 Zentimetern relativ groß. Zwar war dadurch der Einstieg ein wenig mühsamer als in Berlin, aber die Ingenieure waren sich sicher, dass sich dieser Abstand nach einiger Zeit schon allein deshalb verringern würde, weil die Wagenfedern sich abnutzen würden.

Die ersten Züge hatten zwei Klassen, nämlich die zweite und die dritte. Die erste Klasse existierte nur theoretisch, sie wäre für den Kaiser reserviert gewesen. Später fuhren jedoch auch Züge, die ausschließlich eine dritte Klasse boten.

Nicht nur an ihrer Ausstattung war die zweite von der dritten Wagenklasse deutlich zu unterscheiden – sie hatte bequeme dunkelgrüne Kunstledersitze, während die Fahrgäste in der dritten Klasse poliertes, aber hartes Mahagoni erwartete. Von außen waren die Klassen deutlich unterschieden: Hinter dem gelben Anstrich waren die Plätze für die Fahrgäste dritter Klasse, hinter dem roten diejenigen für die zweite Klasse.

*Motorwagen der dritten Klasse mit Sitzbänken
aus Mahagoniholz, 1913*

Innen standen jeweils 35 Sitzplätze zur Verfügung, außerdem gab es zahlreiche Stehplätze, sodass ein Wagen insgesamt 80, zur Not auch 100 Fahrgäste aufnehmen konnte. Bei der Sitzverteilung hatten sich die Konstrukteure von den Erfahrungen in New York und Berlin leiten lassen. Für sie war maßgebend, *„daß die Fahrgäste einer städtischen Schnellbahn sich bei kurzen Fahrten gern in der Nähe der Türen aufhalten, um am Ziel schnell hinaus-* gelangen zu können, selbst wenn unter diesen Umständen auf einen Sitzplatz verzichtet werden muss"*, wie W. Mattersdorf 1912 schrieb. Deshalb hatte man Platz geschaffen: In der Nähe der Außentüren wurden Längssitze angebracht, sodass in den zweieinhalb Meter breiten Wagen unmittelbar bei den Türen viel freier Raum für Fahrgäste entstand, die nur eine kurze Strecke fahren wollten und hier nun bequem stehen bleiben konnten. In der Mitte

des Wagens hingegen gab es für Fahrgäste, die eine längere Tour vorhatten, die für diesen Zweck angenehmeren Querbänke mit jeweils zweimal zwei Sitzen in einer Reihe und einen Mittelgang.

Den vorderen Bereich des Wagens teilten sich schließlich der Fahrer in seinem Fahrerstand, der rund zwei Drittel der Wagenbreite einnahm, und der Zugbegleiter, für den eine Nische gelassen war. Durch ein Fenster zwischen Nische und Fahrerstand konnten sie miteinander in Kontakt bleiben, *„damit der Zugbegleiter die Signale beobachten und den Fahrer in bezug auf richtige Beachtung derselben gleichzeitig überwachen kann."*
[W. Mattersdorf 1912]

Moderne Wagen in kürzester Zeit

Durch das Zusammenspiel der vielen Herstellerfirmen war nicht nur die technische Ausstattung auf dem neuesten Stand. Die HOCHBAHN profitierte auch von deutlich kürzeren Lieferzeiten, als dies mit einer Herstellerfirma möglich gewesen wäre. Die Zeit war knapp, denn erst Anfang 1911 schickte die Bauverwaltung die ersten Bestellungen an die Hersteller. Schon Ende Oktober konnte der erste T1 in der Waggonfabrik der SEG am Falkenried untergestellt werden. Mit ihm wurden die Probefahrten auf der neuen Strecke durchgeführt. 1912 kamen dann Schub um Schub die übrigen Lieferungen aus Berlin, Breslau, Nürnberg oder aus den Werkstätten am Falkenried.

Waggonfabrik Falkenried, 1912

Auszeit für die Wagen – der Betriebshof Barmbek

Reinigen, reparieren und reaktivieren: Betriebsbahnhöfe sind nicht nur Ruheplätze für Züge, Triebwagen und Loren. Hier wird alles vorgehalten, was zur Wartung der Betriebsmittel notwendig ist, von der einzelnen Schraube bis zum Generator oder Motor. 46 000 Quadratmeter standen bei Eröffnung des Betriebshofes in Barmbek 1912 an der Hellbrookstraße zur Verfügung: für das eigene Kraftwerk der HOCHBAHN, die Hauptwerkstatt und die Wagenhallen.

Wagenhalle Barmbek, 1912

Dabei wurde gleich auf Expansion geplant. Bei Eröffnung der HOCHBAHN war der Platz in den zwei Wagenhallen auf dem Betriebshof bereits für 160 Wagen ausgelegt, obwohl es zunächst nur 80 gab. Schon zwei Jahre später zeigte sich, wie weise diese Entscheidung gewesen war, denn mit 155 Wagen waren die Kapazitäten schon fast ausgeschöpft. Während der ersten Beschaffungsperiode zwischen 1912 und 1917 wurden insgesamt 180 neue Wagen angeschafft.

Den Betriebsbahnhof mit seinen 24 Gleisen und einem besonderen Stumpfgleis nach einer Drehscheibe hatte Siemens & Schuckert gebaut. Die ursprüngliche Anlage wurde schnell zu klein, sodass noch 1912 eine weitere Halle mit 8 Gleisen für 32 Wagen gebaut wurde. Drei Jahre später kam noch eine vierte Halle für weitere 64 Wagen hinzu. Schließlich wurden auch die Flächen an der Hellbrookstraße zu klein, und man wich auf die Haltestelle Flurstraße (Saarlandstraße) aus, wo weitere Ausbauflächen vorgesehen wurden. Hier entstand zwischen 1924 und 1927 unter anderem eine Wagenhalle für 48 Triebwagen. Auf dem Betriebshof an der Hellbrookstraße wurden auch Arbeitswagen und Transportzüge bereitgestellt.

Die Anlieferung neuer HOCHBAHN-Züge erfolgte über den Betriebshof Hellbrookstraße. Über ein Nebengleis war der Übergang vom HOCHBAHN- zum Bundesbahn-

Arbeiter in der Schmiede

gleis möglich, und die ab 1918 zur HOCHBAHN gehörende Wagenbauanstalt Falkenried erhielt ab Juni 1922 einen eigenen Schienenweg.

Metallbohrmaschine

Tischler, Schmiede, Mechaniker, Anstreicher und Lackierer, Elektriker und Gießer – sie alle sorgten für den reibungslosen Ablauf und für den gleich bleibenden Komfort der Züge der HOCHBAHN. Neben diversen Kränen, unterkellerten Reparaturstraßen, Presslufthämmern und Drehbänken war es vor allem das Know-how ihrer Mitarbeiter, auf das sich die Hamburger Hochbahn AG verlassen konnte. Von Anfang an waren die Handwerker in den Betrieb eingebunden und kannten „ihre" Züge. Ihnen ist auch zu verdanken, dass noch heute ein Zug der ersten Generation von 1911 (T11) auf der HOCHBAHN-Strecke bestaunt werden kann. Wie in einer Zeitreise schwebt der Wagen über die Schienen, und in der Hellbrookstraße wird er liebevoll gepflegt – damals wie heute. Von der Hellbrookstraße aus wurden bis 1920 auch die Verwaltungsgeschicke der HOCHBAHN gelenkt: Dort stand das erste Hauptgebäude mit den Büros des Vorstandes und der Verwaltung sowie Wasch- und Speiseräumen für die Mitarbeiter.

Wagenhalle Nummer 4

Elektrisiert in eine neue Ära: Das Kraftwerk

Auf Kohlen konnte man auch im Zeitalter der Elektrizität nicht verzichten. Doch jetzt nahm deren Umwandlung in Energie einen anderen Weg: Statt sie in mitgeführte Heizkessel zu werfen und die dort erzeugte Hitze direkt für den Antrieb von Dampflokomotiven zu verwenden, wurde mit ihnen in Kraftwerken elektrischer Strom erzeugt. Eingespeist in ein Netz aus Kabeln, wurde diese Energie an die Triebwagen der neuen Verkehrsmittel weitergeleitet und dort in Bewegung umgesetzt – „elektrisiert" fuhr der Großstadtmensch ins 20. Jahrhundert.

Eine neue Barmbeker Skyline

Als am 2. Oktober 1911 die Schienen der neuen Hoch- und Untergrundbahn in Hamburg auf dem Teilstück von Barmbek bis Kellinghusenstraße zum ersten Mal unter Strom gesetzt wurden, war mit dem Kraftwerk an der Hellbrookstraße ein kleines Wunderwerk der Ingenieurskunst vollendet. In unmittelbarer Nähe zum neu entstehenden Stadtpark stand nun weithin sichtbar der größte Schornstein in Hamburg und Umgebung, 80 Meter hoch, mit 9 Metern Durchmesser am Fuß. Er erhob sich über die Herzstücke der Anlage: das Kesselhaus, 54 Meter breit und 39 Meter tief, und die Maschinenhalle mit Stromerzeuger und Triebmaschinen, ebenfalls 54 Meter breit und 26 Meter tief.

Äußerlich hatte die Bauverwaltung viel für eine möglichst ansprechende Ausgestaltung des ganzen Komplexes getan, denn ebenso wie der Schornstein war auch das Kesselhaus von fast allen Punkten des Stadtparks aus zu sehen. So war der Schornstein von 12 jeweils 13 Meter hohen Halbsäulen umgeben und der schlanke obere Schaft zusätzlich mit einem Ziegelmuster verziert. Beim Maschinenhaus verfuhr die Bauverwaltung ähnlich: So wurden die Pfeiler, die notwendig waren, um das Dach und die Laufkräne zu stützen, durch hohe

Fenster unterbrochen und der Sockel aus bunten Mecklenburger Klinkern gemauert.

Die Laufkatze: Kohlentransport im großen Maßstab

Neben diesem Stück Industriearchitektur befand sich ein 78 Meter langes Eisengerüst mit zwei 55 Meter voneinander entfernten Schienen. Auf ihnen fuhr ein elektrisch angetriebener Verladekran, die so genannte Laufkatze, mit der die Kohlen aus den im neu angelegten Stichkanal beim Kraftwerk liegenden Schuten gelöscht wurden. Mit ihrem Greifer konnte die Laufkatze zwei Kubikmeter Heizmaterial auf einmal in die Höhe bringen, das sie anschließend auf dem Kohlenladeplatz wieder abließ. Unterirdisch ging es nun weiter in eine vollautomatische „Kesselbeschickung". Die Kohlen rutschten durch einen Trichter in einen „Schneckenelevator", der mittels einer Art Gewinde stündlich 20 Tonnen Kohle in einem ununterbrochenen Strom direkt unter

Bau des Kesselhauses im Kraftwerk Hellbrookstraße, 1912

das Kesselhaus transportierte, dort senkrecht in die Höhe schob und in der Waagerechten dann zu den fünf Kesseln brachte.

Aus Kohle wird Strom: Wege der Energie

Die großen Wasserrohrkessel, in denen die Kohle verbrannte, hatten die Kessel- und Anlagenbauer L. & C. Steinmüller aus Gummersbach und die Deutsche Babcock & Wilcox Dampfkessel-Werke AG aus Berlin konstruiert. Alle fünf Kessel besaßen eine selbsttätige Kettenroststeuerung und lieferten Dampf von etwa 300 Grad Celsius mit 15 Bar (1500 kPa) Überdruck. Dieser Dampf speiste drei große Turbodynamos der AEG, von denen zwei jeweils 2000 Kilowatt erzeugten, einer brachte es gar auf 4000 Kilowatt Leistung. Sie produzierten

damit mehrphasigen Wechselstrom von 6000 Volt Spannung, der über Hochspannungskabel an die Unterwerke im Hauptbahnhof und in der Heilwigstraße geleitet wurde.

Über Kaskadenumformer der Siemens & Schuckert-Werke wurde der Wechselstrom in 800-Volt-Gleichstrom umgewandelt, wie er zum Betrieb der Triebwagen benötigt wurde. Mit Akkumulatorbatterien ließen sich Strom speichern und Stromschwankungen vermeiden. Selbst bei vollständigem Ausfall des Kraftwerks konnten die Triebwagen so noch rund eine Stunde weiterfahren.

Der Strom floss von den Unterwerken in Kabeln zur Doppelkopfschiene aus weichem Eisen entlang der Strecke, über Abnehmer wurden die

Turbinenhaus Hellbrookstraße, 1912

Schaltraum im Unterwerk

Triebwagen mit Energie gespeist. Weil eine Berührung lebensgefährlich gewesen wäre, wurde über der Stromschiene eine durchgehende Holzverschalung angebracht. Dieses Prinzip wird heute noch angewandt.

Auch die Innenbeleuchtung der Wagen wurde über die Stromschiene geregelt. Indem sie in Tunnelstrecken vier Zentimeter tiefer angelegt war als unter freiem Himmel, stellten die Entwickler sicher, dass sich das Licht im Wagen auch automatisch einschaltete, sobald der Zug die Tunnelmündung passierte: Der Stromabnehmer des Wagens drückte dabei auf einen Kontaktschalter, der das Licht auslöste. Beim Verlassen des Tunnels und der erneuten Lageveränderung des Stromabnehmers wurde der Kontakt wieder gelöst und das Licht ging automatisch aus.

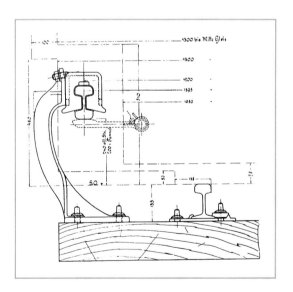

Technische Zeichnung der Stromschiene mit Kontaktschalter

Haltestelle Kellinghusenstraße, 1912

Von „Geisterhand" gelenkt: Fahrleitsystem und Automatisierung

Die HOCHBAHN prägte den Takt der neuen Zeit: Abfahrt alle zehn, in der Hauptverkehrszeit sogar alle fünf Minuten, Stunde um Stunde, Tag für Tag, mit unbestechlicher Präzision. Um diese Präzision zu erreichen, hatten sich die Ingenieure von Siemens & Halske in Berlin einiges einfallen lassen.

Halbautomatik bei Signalanlagen: schneller und sicherer ...

Anders als früher hatten sie die Signale, mit denen die Wagen über die Strecke gelenkt wurden, weitestgehend von menschlichen Ein-

flüssen und damit auch Fehlern abgekoppelt. Zusätzlich konnte die Zugabfertigung deutlich beschleunigt werden – bei der Verkehrsdichte auf den Strecken der Hamburger Hochbahn pure Notwendigkeit. Zuvor war die Signalsteuerung untrennbar an die Person des Stellwerkswärters gebunden gewesen. Verließ ein Zug die Haltestelle, wurde zwar automatisch das Signal des dahinter liegenden Abschnitts auf „Halt" gestellt, um nachfolgenden Zügen die Einfahrt so lange zu verwehren, bis dieser Zug seinen Abschnitt wieder verlassen hatte. War die Strecke wieder frei, musste jedoch der Stellwerkswärter an seinem Block per Hand mit Induktorkurbel und Signalknebel die Signale wieder zurückstellen. Das bremste die Geschwindigkeit der Zugfolge und barg die Gefahr menschlichen Versagens.

Diese Tätigkeiten hatte Siemens & Halske bei der neuen Hoch- und Untergrundbahn in Hamburg elektrifiziert. Der Bedienungsstrom, mit dem die Signale wieder zurückgesetzt wurden, kam aus einer dauerhaften Stromquelle, einer Gleichstromleitung mit Umformer. Ein Tastendruck genügte, und die Strecke war wieder frei, die Signale sprangen von selbst um. Ganz ausschalten mochte man den menschlichen Einfluss auf diese Vorgänge hingegen nicht; das Verantwortungsgefühl der Signalbeamten sollte wach gehalten werden.

Stellwerk Barmbek, 1915

... dabei kostenbewusst und störungsarm

Die Wahl dieses halbautomatischen Systems war eine bewusste Entscheidung für den Betrieb der Hamburger Hochbahn. Eine Umstellung auf automatischen Betrieb ohne Stellwerkswärter war damals technisch schon möglich, jedoch stark umstritten. In den USA, in London und in Paris waren diese vollautomatischen Systeme bereits in Betrieb, während die deutschen Stadtbahnbetreiber noch auf die Entwicklungen von Siemens & Halske setzten. Dafür gab es gute Gründe: Das auch in Hamburg eingesetzte Modell war um vieles preiswerter, weil es in seiner ganzen Anlage einfacher zu installieren und zu betreiben war. Zudem war es weit weniger störanfällig. Fielen die Signalanlagen tatsächlich einmal aus, konnten die Signalbeamten ihre Anweisungen per Telefonleitung durchgeben, die alle Haltestellen über eine eigene Betriebsfernsprechzentrale verband. Höhere Personalkosten fielen nicht an, das Haltestellenpersonal erledigte die Blockbedienung gleich mit.

Weichensignal, 1912

Schöne neue Welt:
Der „selbsttätige Fahrkartenverkäufer"

Signale stellten sich wie von Geisterhand, Bahnen stoppten automatisch, kein Rauch kündigte mehr an, woher die Triebwagen ihre Kraft bekamen – manchem Fahrgast wird es vorgekommen sein, als sei er in einem der damals populären Romane Jules Vernes gelandet. Dieser Eindruck muss sich noch verstärkt haben, wenn er eine Fahrkarte kaufen wollte und sich unvermittelt einem „selbsttätigen elektrischen Fahrkartenverkäufer" gegenübersah: einem kleinen Turm mit Münzschlitzen und Ausgabefach.

Im Inneren steckte die seinerzeit neueste Technik auf dem Gebiet der Automation, geliefert von der Deutschen Post- und Verkehrswesen AG aus

Der erste „Fahrkartenselbstverkäufer" um 1912

Berlin. Auf einer kleinen Holzplatte waren ein Drucker und ein Apparat zur Münzprüfung und Registrierung angebracht, die im Wartungsfall einfach ein- und ausgebaut werden konnten. Drucker, Vorschub der Karten, Schneidemechanismus und Registrierapparat wurden von einem Motor unter der Tischplatte angetrieben. Der Münzeinwurf war ein gutes Stück Ingenieurstechnik, denn er konnte falsche Münzen aussortieren und diese *„Falsifikate selbsttätig durchfallen lassen, so daß dieselben den Apparat nicht auslösen können",* wie W. Mattersdorf 1912 schrieb. Schließlich wurde das im Inneren des „Fahrkartenselbstverkäufers" gesammelte Geld *„durch eine eigenartige Maschine gezählt und in Rollen verpackt".*

Die Hamburger indes hatten keine Scheu vor solchen futuristischen Geräten in ihrer Mitte – bereits 1912 wurden mehr als 10 Prozent aller Karten am Automaten gezogen.

An alles gedacht:
Die Sicherheit

„Auch die Ängstlichen sind zuversichtlich geworden und vertreiben sich mit Erzählen die Zeit." [*Hamburger Nachrichten*, 25.02.1912]
Schon die Probefahrten konnten die meisten Hamburger überzeugen: Was da neuerdings durch ihre Stadt fuhr, war keine Gefahr; niemand musste sich davor fürchten, mit fast 50 Kilometern in der Stunde über die Schienen zu fliegen, an Häusern vorbei, über Fleete hinweg, unter der Erde hindurch. Die neue Hoch-

Das Unterwerk am Hauptbahnhof lieferte bei Stromausfall für eine weitere Stunde Energie. Foto um 1912

und Untergrundbahn war sicherer, als es die Straßenbahn je sein konnte. Die Ingenieure der Bauverwaltung der maßgeblich am Bau beteiligten Unternehmen Siemens & Halske und AEG hatten auf Weltniveau gearbeitet. Das Produkt repräsentierte den aktuellsten Stand der Technik – auch der Sicherheitstechnik.

Abschaltautomatik und Reservestrom

Gleich mehrfach hatten die Fachleute Störungen und Unfällen vorgesorgt. Das Sicherheitskonzept begann bereits bei der für die Bahn lebenswichtigen Versorgung mit Strom. Alle Teile der Kraftwerke und der beiden den Strom weiterverteilenden Unterwerke waren mit automatischen Sicherungsanlagen versehen, die sich im Ernstfall selbsttätig abschalteten oder innerhalb kürzester Zeit vom Netz genommen werden konnten.

Allerdings durfte bei Notfällen auf der Strecke natürlich nicht sofort das Licht ausgehen. Die Unterwerke konnten mit ihren Stromspeichern noch eine volle Stunde nach der Abschaltung ihre Hälfte des Rings mit Energie speisen, um die Wagen und deren Fahrgäste sicher zum nächsten Bahnhof bringen zu können.

Selbsttätiger Pumpenschalter

Die Triebfahrzeuge wiederum nahmen ihren Strom von den Stromschienen ab. Die Holzverkleidung über den Stromschienen gewährleistete, dass es selbst bei einem Sturz von der Bahnsteigkante praktisch unmöglich war, mit den Stromschienen in Berührung zu kommen.

Zugführer, Zugbegleiter, Haltestellenwärter und elf Gebote

Die Fahrer hatten nicht nur wirkungsvolle Zweikammerbremsen, die mit Pressluft arbeiteten. Sie hatten auch die Stromzufuhr zum Triebwagen im wahrsten Sinne des Wortes selbst in der Hand: Während der Fahrt mussten sie permanent die Fahrkurbel gedrückt halten, damit über die Kontakte der Strom fließen konnte. Ließ der Fahrer willentlich oder bei einem Unfall seine Fahrkurbel los, wurde die Stromzufuhr sofort unterbrochen.

Neben dem Fahrer stand während der Fahrt der Zugbegleiter. Auch er war Teil des Sicherheitssystems, indem er darauf achtgab, dass der Fahrer keine Signale übersah oder sonstige Gefahrenquellen ihrem Wagen in die Quere kamen. In den Haltestellen kümmerten sich die Haltestellenwärter um die Sicherheit. Sie regelten den Fahrgastfluss und ließen nur eine begrenzte Anzahl von Menschen auf die Bahnsteige – mit Sperren hielten sie allzu Eilige zurück. Die Beamten sorgten auch für rasches Umsteigen und achteten darauf, dass alle Nutzer sich an die Regeln des Betriebs hielten. Zudem erhöhte ihre bloße Anwesenheit das Sicherheitsempfinden der Fahrgäste.

Schließlich sorgte die Hamburger Hochbahn AG auch dafür, dass ihre Fahrgäste zu ihrer eigenen Sicherheit beitrugen, indem sie ein ganzes Regelwerk für diese aufstellte. In elf Einzelbestimmungen legte sie fest, was erlaubt und was verboten war. Verboten war beispielsweise *„der Aufenthalt in den Wagen mit brennenden Zigarren, Zigaretten oder Tabakpfeifen"*, wie die *Neue Hamburger Zeitung* am 30. Januar 1912 berichtete, das Öffnen der Wagentüren oder das Hinauslehnen während der Fahrt.

Führerbremsventil

Sicherheit auch jenseits technischer Errungenschaften

Abseits des damals höchsten Stands an Sicherheitstechnik, der Dienstregeln der weisungsbefugten Bahnbeamten und des Regelwerks, an das sich die Fahrgäste zu halten hatten, brachte die HOCHBAHN auch noch eine andere Sicherheit in das Leben der Hamburger hinein: den Takt. Wer immer mit der HOCHBAHN fuhr, konnte genau abschätzen, wie lange er bis zu seinem Zielort brauchen würde. Die Abfahrtszeiten waren geregelt und unbeeinflusst von all den Widrigkeiten, auf die andere Verkehrsmittel im Straßenverkehr treffen konnten. Eine alltägliche Planungssicherheit stellte sich ein, die es so vorher noch nie gegeben hatte. Die HOCHBAHN kam, das war sicher.

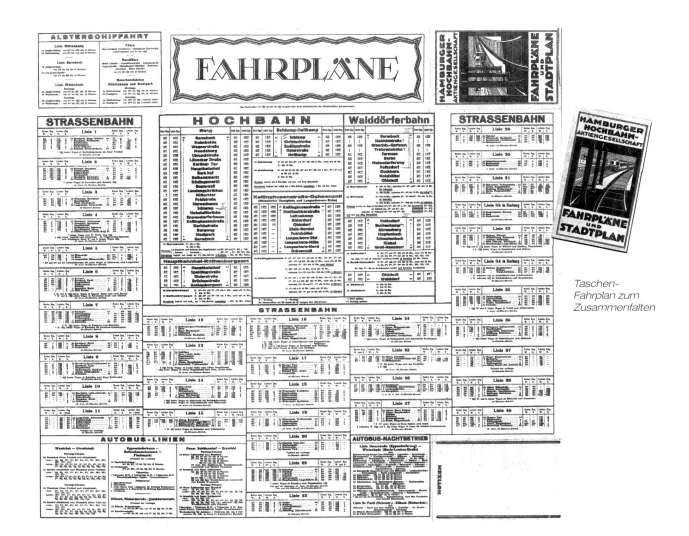

Taschen-Fahrplan zum Zusammenfalten

Die Süderkanalbrücke um 1915

Geplant:
Die HOCHBAHN wächst weiter

Mit der Vollendung des Rings hatte die HOCHBAHN neue Maßstäbe für Hamburgs öffentlichen Personennahverkehr gesetzt. Doch sie war weit davon entfernt, sich auf dieser Errungenschaft auszuruhen. Nahtlos schlossen sich die Ausbauarbeiten für die Stichstrecken in die weiter außerhalb gelegenen Stadtteile an. Und noch heute passt sich die HOCHBAHN laufend an die aktuellen Erfordernisse für die Mobilität der Hamburger und ihrer Gäste an.

Vom Ring zum Stern: Der Bau der Zweigstrecken (1913)

1912 war ein stolzes Jahr für Hamburg: Nach sechs Jahren Bauzeit war die Ringbahn vollendet. Zuerst wurde am 15. Februar das Teilstück von Barmbek zum Rathausmarkt in Betrieb genommen, in kurzen Abständen folgten die Teilstrecken Barmbek–Kellinghusenstraße (10. Mai) und Kellinghusenstraße–Millerntor (25. Mai). Am 29. Juni schloss sich der Ring mit der Strecke Millerntor–Rathausmarkt.

Erste Zweigstrecke im Westen: Eimsbüttel

Die neue Hoch- und Untergrundbahn war ein gewaltiger Erfolg – schon im ersten Jahr nutzten fast 25 Millionen Fahrgäste das neue Verkehrsmittel. Vorausschauend hatten die Ingenieure des Berliner Baukonsortiums aus der Siemens & Halske AG und der AEG zusammen mit der Ringlinie bereits vier Zweigstrecken geplant, die weitere Stadtteile an die Bahn anschließen sollten.

Ringlinie mit Stichstrecken

Bauarbeiten der Haltestelle Ohlsdorf um 1913

Als erste Erweiterung war die Anbindung an das dicht besiedelte Eimsbüttel vorgesehen. Nachdem die Arbeiten am Bahnhof Schlump im Zuge des Ringbaus bereits 1909/10 begonnen hatten, konnte die Zweiglinie bis zur Haltestelle Christuskirche am 1. Juni 1913 und bis zur Emilienstraße am 21. Oktober 1913 eröffnet werden.

Im darauf folgenden Jahr wurden die Tunnelarbeiten und die zwei weiteren Haltestellen Osterstraße und Hellkamp (heute stillgelegt) fertiggestellt, sodass die gesamte Strecke am 23. Mai 1914 dem Verkehr übergeben werden konnte. 6 Millionen Mark hatte sich Hamburg die 2,4 Kilometer lange Strecke kosten lassen.

Der Norden rückt an Hamburg heran

Am 1. Dezember 1914 wurden mit der Eröffnung der Zweiglinie von Kellinghusenstraße bis Ohlsdorf das mittlere Alstertal und endlich auch der Hauptfriedhof an den HOCHBAHN-Ring angebunden. Die 5,4 Kilometer lange und 3 Millionen Mark teure Strecke wurde komplett auf einem Damm gebaut und führte über die Haltestellen Hudtwalckerstraße, Lattenkamp und Alsterdorf nach Ohlsdorf, wo die Fahrgäste in die Stadtbahn umsteigen konnten. Die heute zwischen Alsterdorf und Ohlsdorf liegende Haltestelle Sengelmannstraße wurde erst sehr viel später, im September 1975, eröffnet, um die neu errichtete CityNord an die HOCHBAHN-Strecke anzubinden.

Spaldingstraße, 1915

Da zunächst andere Vorhaben als wichtiger erachtet worden waren, war der Senat erst am 14. Oktober 1912 mit der Nachricht an die Öffentlichkeit getreten, dass die Strecke über Fuhlsbüttel und Langenhorn bis nach Ochsenzoll verlängert werden sollte. Bereits einen Monat später hatte die Bürgerschaft den Streckenbau von Ohlsdorf bis Ochsenzoll mit einer Länge von 7,7 Kilometern genehmigt. Die veranschlagte Bausumme belief sich auf 7,16 Millionen Mark.

Die am 1. Januar 1913 begonnenen Bauarbeiten an der Langenhorner Bahn konnten bereits 1914 beendet und der Betriebsvertrag zwischen der Hamburger Hochbahn AG und dem Staat Hamburg am 30. April/ 1. Mai 1914 geschlossen werden. Er legte fest, dass die HOCHBAHN die Verbindung auf Rechnung des Hamburger Staates betreiben sollte.

Doch der Beginn des Ersten Weltkrieges machte alle Pläne zunichte. Erst am 5. Januar 1918 konnte die erste Dampflokomotive mit zwei Personenwagen auf dem Gütergleis eingesetzt werden. In 23 Minuten ging es nun von Ohlsdorf über Fuhlsbüttel und Langenhorn Mitte (heute: Langenhorn Markt) nach Ochsenzoll. Kaum ein Jahr später, am 13. April 1919, bewilligte die Bürgerschaft den elektrischen Ausbau der Strecke, der mit 3,37 Millionen Mark zu Buche schlug. Am 1. September 1919 kam die Haltestelle Langenhorn Nord hinzu und dokumentierte das rasante Bevölkerungswachstum der nördlichen Stadtteile. Im Jahr 1921 wurde die Haltestelle Langenhorn Süd

Strecke Ohlsdorf–Lattenkamp, 1915

Haltestelle Ohlsdorf, 1915

(heute: Fuhlsbüttel Nord) zur Benutzung geöffnet. Fünf Jahre später schließlich, im August 1926, übernahm die HOCHBAHN die elektrische Betriebsführung der Langenhorner Bahn.

Auf in den Osten: Rothenburgsort

Doch nicht nur nach Norden und Westen dehnte sich das Streckennetz der HOCHBAHN aus. Im Juli 1915 wurde die östliche Erweiterung von Berliner Tor nach Rothenburgsort eröffnet.

Der Bau dieser Strecke hatte 1909 mit Tunnelbauten und Ausgrabungen unter dem Hauptbahnhof begonnen. Während die Arbeiten auf der Strecke von Ohlsdorf nach Ochsenzoll ab 1916 ruhten, konnte die Verbindung vom Hauptbahnhof in den Südosten nach Rothenburgsort am 27. Juli 1915 dem Verkehr übergeben werden. Auf der 3,2 Kilometer langen und 4 Millionen Mark teuren Strecke ging es in sieben Minuten vom Hauptbahnhof über die Haltestellen Spaldingstraße, Süderstraße und Billhorner Brückenstraße bis zur Endhaltestelle Rothenburgsort.

Die vier Haltestellen erhielten zwischen 1913 und 1915 prächtige Eingangsgebäude, die die HOCHBAHN weithin sichtbar machten. Ein Betriebshof in Rothenburgsort wurde schon bei der Eröffnung der Linie mit drei Kehr- und Rückstellgleisen in Betrieb genommen.

Die Linie nach Rothenburgsort wurde nach dem Zweiten Weltkrieg zunächst aufgegeben, weil diese Teile der Stadt 1943 im Feuersturm fast vollständig zerstört wurden. Heute bedient die S-Bahn diese Strecke.

Die Walddörferbahn: Anbindung mit Hindernissen

Die Anbindung der Hamburger Exklaven Farmsen, Volksdorf, Wohldorf und Großhansdorf an das städtische Verkehrsnetz mit der Walddörferbahn nahm unter den Erweiterungen der Hamburger Hoch- und Untergrundbahn eine Sonderstellung ein. Sie begann bereits 1903, nachdem sich die Bewohner der Walddörfer schon seit längerer Zeit darum bemüht hatten, die Entfernung zum benachbarten Hamburg zu verkürzen.

Haltestelle Volksdorf im Bau um 1917

Doch die Hamburger Hochbahn AG, die ursprünglich, ähnlich wie auch beim Ring, die Walddörferbahn selbst betreiben sollte, lehnte die Bedingungen des Senats ab. Hier standen sich die wirtschaftlichen Interessen des Unternehmens und die politischen des Staates, die Exklaven an das Stadtgebiet anzuschließen, gegenüber. Man einigte sich schließlich darauf, dass die HOCHBAHN nur im Auftrag und auf Kosten des Staates in die Walddörfer fahren sollte.

Da 10,7 Kilometer der insgesamt 28,3 Kilometer langen geplanten Trasse über damals preußisches Gebiet führten, waren auch hier noch Verhandlungen notwendig, die im Mai 1912 beendet wurden. Nun stand dem Bau nichts mehr im Weg.

Bis Anfang 1914 waren die Erdarbeiten abgeschlossen und man machte sich an den Bau. Wie bei den Haltestellen des Rings nahm man auch hier architektonisch Rücksicht auf die Umgebung und passte die Gebäude dem zukünftigen landhausmäßigen Charakter der Gegend an.

Nach Ausbruch des Ersten Weltkriegs ging der weitere Ausbau nur schleppend voran. Erst mit Kriegsende konnte der Regelbetrieb aufgenommen werden – vorerst allerdings noch unter Dampf, denn die elektrischen Anlagen fehlten noch. Ab dem 12. September 1918 brachten zwei Dampflokomotiven die Bewohner der Walddörfer endlich bis an die Hoch- und Untergrundbahn in Barmbek – zu ihrem Tor nach Hamburg.

Der Dampfbetrieb machte aber schnell Probleme, denn die Trasse war nicht für Lokomotiven ausgelegt. Bereits am 28. Juli 1919 musste die Walddörferbahn unter heftigen Protesten der dortigen Gemeindevertretern wieder eingestellt werden. Diese forderten die umgehende Aufnahme des von Anfang an geplanten elektrischen Betriebs. Mit Erfolg: Der Hamburger Senat kam ihren Forderungen nach. Bis Mitte 1920 wurde die Trasse mit Stromschienen versehen, die von einem kleinen Kraftwerk in Volksdorf versorgt wurden, und am 6. September 1920 dem öffentlichen Verkehr übergeben. Im November 1921 wurde das 10,4 Kilometer lange Stück bis Großhansdorf mit sieben Haltestellen eröffnet, und im Sommer 1924 fuhr erstmals eine Bahn auch regelmäßig auf den 5,2 Kilometern zwischen Volksdorf und Wohldorf/Ohlstedt mit Halt in Buckhorn und Hoisbüttel.

Aufstockung des Fuhrparks in rasantem Tempo

Mit dem Ausbau der Stichstrecken stieg das Fahrgastaufkommen der Hamburger Hochbahn AG und damit der Bedarf an Triebwagen. Schon 1913 waren in einer zweiten Lieferung für den Betrieb auf dem Ring weitere 30 Wagen in der Hansestadt angekommen. Da die Eröffnung der Zweiglinien nach Ohlsdorf und zum Hellkamp zu diesem Zeitpunkt aber schon absehbar war, bestellte die Hamburger Hochbahn AG gleich noch einmal 20 Wagen; weitere 45 folgten bis 1917.

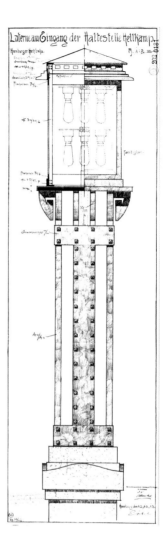

Entwurfsskizze für die Laternen am Eingang der Haltestelle Helllkamp, 1913

Haltestelle Süderstraße, 1915

Trotz aller Probleme, mit denen die Hamburger Hochbahn AG und die mit ihr verbundenen Unternehmen in den ersten Jahren zu kämpfen hatten, konnte niemand bestreiten, dass sie Hamburg nachhaltig verändert hatten. Je länger die Bahn fuhr, je mehr sich die Menschen an Elbe und Alster daran gewöhnten, sie zu benutzen, desto stärker prägte sie Leben und Verhalten – bis heute. Die HOCHBAHN fuhr immer, zuverlässig und planbar.

HafenCity-Impression

Von der City an die Elbe: Anbindung eines neuen Quartiers

Die Schildvortriebsmaschine wird sich unaufhaltsam in bis zu 40 Meter Tiefe durch die Erde bohren, täglich 10 Meter bewältigen und erst nach 4 Kilometern ruhen. Es wird unter Gebäuden, am Wasser entlang und unter der Elbe hindurch gehen, bis die geplante Endhaltestelle in der HafenCity erreicht ist.

Was vor 100 Jahren noch per Hand geschaufelt, in Karren und Loren abtransportiert werden musste und Hunderte von Arbeitern beschäftigte, wird heute fast vollautomatisch bewältigt. Ansonsten aber sind die Parallelen auffällig: Damals wie heute war der Ausbau des

Hafens, des Herzens von Hamburg, der Motor für den Bau der HOCHBAHN. Vor 100 Jahren mussten die Menschen zu ihren Arbeitsstätten im Hafen gebracht werden, und künftig wird die U4 die HafenCity mit ganz Hamburg verbinden.

Damals wie heute war die HOCHBAHN aber auch auch ein Motor der Stadtentwicklung: Die geplante Anbindung der Elbinsel wird den Stadtteilen Wilhelmsburg und Veddel neue Impulse geben. Ein Ausbau bis nach Harburg wird schließlich in Zukunft verbinden, was die Elbe noch allzu oft trennt. Wie vor einem Jahrhundert, als entlegene Dörfer durch die Anbindung an die HOCHBAHN an Hamburg heranrückten, als am damaligen Stadtrand neue Wohngebiete entstanden, die durch den Anschluss an die HOCHBAHN nicht mehr ganz so cityfern waren.

Vier Kilometer vom Überseequartier bis zum Jungfernstieg in nur drei Minuten bei einer Höchstgeschwindigkeit von 80 Stundenkilometern – so werden moderne Zeiten erfahrbar. Ende 2011 ist es so weit: Täglich werden über 35 000 Fahrgäste den Komfort einer Fahrt mit der HOCHBAHN in die und in der HafenCity nutzen können. Der Bau der U4 ist das gegenwärtig wohl bedeutendste und anspruchsvollste Bahnprojekt in Deutschland: eine Herausforderung für Ingenieure, Statiker und Logistiker.

Pünktlich zum Jubiläum der Hamburger Hochbahn AG sollen die ersten Züge rollen und damit einen Kreis in der Geschichte der HOCHBAHN schließen, der am Hafen begann und dort wieder endet.

Der Streckenplan der neuen U4

*Modell der neuen
U4-Haltestelle Überseequartier*

Chronik 1891–1921

Jahr	Hamburger Hochbahn AG	Allgemeines
1891	Der Ingenieur Franz Andreas Meyer empfiehlt der Stadt Hamburg den Bau einer Vorortringbahn mit Dampflokomotiven nach Londoner Vorbild.	Mit ihrem Schnelldampfer „Auguste Victoria" eröffnet die Hapag das Zeitalter der Kreuzfahrten.
1894	Die Continentale Gesellschaft legt Pläne für eine Schwebebahn in Hamburg vor.	Der Franzose Louis Lumière erfindet den Kinematographen.
1896	In Hamburg fahren bereits 400 elektrisch angetriebene Straßenbahnen.	06.04.: In Athen werden die ersten Olympischen Spiele der Neuzeit eröffnet.
1897	Erstmals geht es elektrisch vom Hamburger Rathausmarkt nach Wandsbek: mit der Straßenbahn.	Das Hamburger Rathaus wird fertiggestellt.
1898	Siemens & Halske und AEG stellen ihre Pläne zum Bau einer Hoch- und Untergrundbahn vor.	30.07.: Otto von Bismarck stirbt in Friedrichsruh bei Hamburg.
1899	Die Straßenbrücke über die Elbe wird eröffnet.	Gottfried Daimler beginnt mit der Serienproduktion von Viertaktmotoren.
1900	Die HDAG (heute HADAG) übernimmt die Fährlinie zwischen Finkenwerder und den heutigen St.-Pauli-Landungsbrücken.	Die Weltausstellung findet in Paris statt.
1901	Siemens & Halske und AEG legen mit der Hamburger SEG einen gemeinsamen Plan für die Stadt- und Vorortsbahnen vor.	Die Schwebebahn in Barmen-Elberfeld geht in Betrieb.
1902	Zwischen Hamburg und Harburg fährt erstmals eine durchgehend elektrifizierte Straßenbahn.	Robert Bosch erfindet die Zündkerze.
1904	Die Bürgerschaft lehnt das Projekt einer Schwebebahn für Hamburg endgültig ab.	Der Bau des Panamakanals beginnt.
1905	Der Senat schließt einen Vorvertrag mit Siemens & Halske und AEG zum Bau der neuen Bahn.	Die österreichische Schriftstellerin Bertha von Suttner erhält als erste Frau den Friedensnobelpreis.
1906	01.06.: Die Hamburger Bürgerschaft genehmigt den Bau der Hoch- und Untergrundbahn. 07.10.: Baubeginn in Hohenfelde	18.04.: Durch ein schweres Erdbeben wird San Francisco fast vollständig zerstört.
1907	Der Betrieb der Hoch- und Untergrundbahn wird öffentlich ausgeschrieben.	In Stellingen eröffnet Carl Hagenbeck seinen Tierpark.
1909	Siemens & Halske und die AEG erhalten die Konzession zum Betrieb der Hamburger Hoch- und Untergrundbahn.	06.04.: Robert Edwin Peary erreicht als erster Mensch den Nordpol.

Jahr	Hamburger Hochbahn AG	Allgemeines
1910	Die ersten Haltestellengebäude werden gebaut.	Volkszählung in Deutschland. Hamburg hat über eine Million Einwohner.
1911	Die Hamburger Hochbahn AG (HHA) wird gegründet.	Der erste Elbtunnel in Hamburg wird eröffnet.
1912	Streckeneröffnungen: 15.02.: Barmbek–Rathausmarkt 10.05.: Barmbek–Kellinghusenstraße 25.05.: Kellinghusenstraße–Millerntor 29.06.: Millerntor (St. Pauli)–Rathausmarkt	15.04.: Die Titanic sinkt auf ihrer Jungfernfahrt im Atlantik.
1913	01.06.: Die Stichstrecke Schlump–Christuskirche wird eröffnet.	Alexander Behm erhält das Patent für die Erfindung des Echolots.
1914	Die Stichstrecken Schlump–Hellkamp und Kellinghusenstraße–Ohlsdorf werden fertiggestellt.	01.08.: Ausbruch des Ersten Weltkriegs.
1915	Die Stichstrecke Hauptbahnhof–Rothenburgsort nimmt den Betrieb auf.	Albert Einstein veröffentlicht seine Allgemeine Relativitätstheorie.
1916	Frauen übernehmen die Arbeit der eingezogenen Männer bei der Hamburger Hochbahn AG.	31.05./01.06.: Am Skagerrak findet die größte Seeschlacht des Ersten Weltkriegs statt.
1917	Erste Verhandlungen über die Neugründung der Hamburger Hochbahn AG als gemischt-wirtschaftliches Unternehmen eingeleitet.	15.03.: Zar Nikolaus II. von Russland dankt ab.
1918	12.09.: Die Walddörferbahn geht mit Dampfloks in Betrieb. Die Hamburger Hochbahn AG verschmilzt mit der Straßen-Eisenbahn-Gesellschaft in Hamburg (SEG), die Hamburger Hochbahn AG wird ein gemischt-wirtschaftliches Unternehmen.	11.11.: Deutschland unterzeichnet den Waffenstillstandsvertrag. Der Erste Weltkrieg ist beendet.
1919	Die HHA übernimmt die Alsterschifffahrt.	Der Architekt Walter Gropius gründet in Weimar die Künstlergruppe Das Bauhaus.
1920	Elektrischer Betrieb auf der Walddörferbahn zwischen Barmbek und Volksdorf.	Ausrichtung der VII. Olympischen Spiele in Antwerpen.
1921	5.11.: Teilstrecke Volksdorf–Großhansdorf in Betrieb.	Albert Einstein erhält für seine Relativitätstheorie den Nobelpreis für Physik.

Literaturauswahl

Bardua, Sven: 110 Jahre HADAG-Schiffe 1888-1998. Hamburg 1998.

Bennett, David: Die Geschichte der Untergrundbahn. Stuttgart 2005.

Domke, Petra: Tunnel, Gräben, Viadukte. 100 Jahre Baugeschichte der Berliner U-Bahn. Berlin 1998.

Frühauf, Anne: Die Bauwerke des Schienenverkehrs in Hamburg. Hamburg 1994.

Günthel, E.: Die Hamburger Hochbahn. Sonderdruck aus „Deutsche Bauzeitung" XLVI , Jg. 66, 67 und 71.

Hamburger Hochbahn AG (Hg.): Hamburg, den 15. Februar 1912. Festschrift aus dem Jahre 1912 zur Eröffnung des U-Bahn-Betriebes in Hamburg. (Nachdruck 1976)

Hamburger Hochbahn AG (Hg.): 50 Jahre U-Bahn in Hamburg 1912-1962. Hamburg 1962.

Herzig, Arno (Hg.): Arbeiter in Hamburg: Unterschichten, Arbeiter und Arbeiterbewegung seit dem ausgehenden 18. Jahrhundert. Hamburg 1983.

Hipp, Hermann: Freie und Hansestadt Hamburg. Geschichte, Kultur und Stadtbaukunst an Elbe und Alster. Köln 1996. 3. Auflage.

Holstein, Eduard/ Kemmann, Gustav: Die Hamburger Hochbahn Aktiengesellschaft. Wirtschaftliche Entwicklung und Ausblicke. 2 Bde. Berlin 1929.

Jochmann, Werner/Loose, Hans-Dieter (Hgg.): Hamburg. Geschichte einer Stadt und ihrer Bewohner. Band II : Vom Kaiserreich bis zur Gegenwart. Hamburg 1986.

Kipnase, Ernst: Die Hamburger Hochbahn Aktiengesellschaft in verkehrspolitischer und sozialpolitischer Beziehung. Berlin 1925.

Kopitzsch, Franklin/ Tilgner, Daniel (Hgg.): Hamburg Lexikon. Hamburg 2005. 3. Auflage.

Museum der Arbeit (Hg.): Unterwegs. 90 Jahre Hamburger U-Bahn. Hamburg 2002.

Siemens & Halske A.-G. (Hg.): Allgemeine Elektricitäts-Gesellschaft. Elektrische Stadt- und Vorortbahnen zu Hamburg. o.O. 1907.

Staisch, Erich: Hamburg und sein Stadtverkehr. Hamburg 1989.

Stein, Wilhelm: Der Bau der Hamburger Hochbahn. Vortrag, gehalten im Verein für Eisenbahnkunde am 9. April 1912 von Direktor W. Stein. Hamburg 1912. Sonderdruck aus Glasers Annalen für Gewerbe und Bauwesen. Bd. 71.

Wendland, Ulrike: Die Hamburger Hochbahn. Stadtplanung und Bauten bis 1915. Braunschweig/Hamburg 1986. (wissenschaftliche Hausarbeit Universität Hamburg)

Will, Carl: Die Hamburger U-Bahn. Staatliche Landesbildstelle. Hamburg 1963.

Darüber hinaus fanden diverse Veröffentlichungen der Hamburger Hochbahn AG und Akten aus dem Archiv der Hamburger Hochbahn AG seit 1906 Verwendung; ebenso vielfältige Veröffentlichungen des Vereins Verkehrsamateure und Museumsbahn e.V.

Bildnachweis

Bildnachweis Band 1 Ringbahnbau

Falls im Folgenden nicht anders angegeben, stammen die Bilder aus den Beständen des Historischen Archivs der Hamburger Hochbahn AG.

Stadtteilarchiv Hamm:
S. 14, S. 15

Staatsarchiv Hamburg:
S. 12, S. 13, S. 26, S. 30

Hamburgmuseum
S. 10/11, S. 18 rechts, S. 18 unten, S. 19 links

Motiv HafenCity S.118: © Modell: Korol; Illustration: Schiebel, HafenCity Hamburg GmbH

Für ihre freundliche Unterstützung bei der Realisation dieses Bandes danken wir dem Staatsarchiv Hamburg, dem Stadtteilarchiv Hamm und der Abteilung Öffentlichkeitsarbeit – Unternehmenskommunikation der Hamburger Friedhöfe.

Impressum

Herausgegeben von:
Hamburger Hochbahn AG
Steinstraße 20
D-20095 Hamburg

Copyright © 2007 Hamburger Hochbahn AG, Hamburg

Verantwortlich:	Frank Moldrings, Marketing und Kommunikation, Hamburger Hochbahn AG
Projektteam:	Daniel Frahm, Jenny-Lee Ahrend, Alexander Janott
Text:	itw Institut für Wirtschaftsgeschichte, Hamburg, Jan Straßenburg, Sven Tode, Sandra Engel
Lektorat:	Juliane Topka
Gestaltung:	Hartmut Völker, Hamburg
Satz und Lithografie:	Hardy & Hardy, Hamburg
Druck:	Rasch, Bramsche

ISBN 978-3-940020-45-1

Erschienen im Völker Verlag, Hamburg 2007
Printed in Germany

2. Auflage